el privilegio
de ser
Mamá Soltera®

Por los laberintos de la Plenitud

Nota: En el libro se utiliza la palabra "Universo" para referirse a la fuerza activa que en el mundo comúnmente se conoce como "Dios" y que diferentes culturas y religiones han bautizado con diferentes nombres.

el privilegio de ser Mamá Soltera®

Por los laberintos de la Plenitud

Mireya Posada

BALBOA.
PRESS

A DIVISION OF HAY HOUSE

Los libros impresos de Balboa Press deben ordenarse
a través de las librerías o contactando a:

Balboa Press
Una división de Hay House
1663 Liberty Drive
Bloomington, IN 47403
www.balboapress.com
1-(877) 407-4847

Debido a la naturaleza dinámica del Internet, cualquier dirección o enlace electrónico mencionados en este libro pueden haber cambiado desde su publicación y por lo tanto estar inválidos. Los puntos de vista expresados en este trabajo son exclusivamente los del autor y no necesariamente reflejan el punto de vista de la editorial. La editorial se exime de toda responsabilidad por ellos.

Prefacio: El autor de éste libro no proporciona orientación médica o psicológica. Ni promueve el uso de este libro como tratamiento médico o psicológico sin la supervisión de un profesional. El propósito del autor es únicamente el de compartir una experiencia y un conocimiento que motive al lector a buscar ayuda profesional, o a encontrar alivio emocional y espiritual. El autor no se responsabiliza por el manejo de las ideas expuestas en el libro, ni por sus acciones.

Ciertas imágenes de archivo pertenecen a Thinkstock.
Algunas personas presentadas en stock imagery son modelos y estas imágenes han sido usadas solamente como ilustraciones.

Dedicatoria: A Michael Alejandro Falcao mi hijo.

Páginas web:
Mireyaposada.com
elprivilegiodesermamasoltera.com

Diseño de la página web: Héctor Iván Valencia
hector.valencia@gmail.com

Corrección de estilo: David Castrillón V.
lineasostenibles.blogspot.com

Diseño de portada y contraportada: Beto Posada.
bilingualcopywriters.com

Prólogo: Doctora Catalina Arcila
catalinarcila.com

ISBN: 978-1-4525-3498-5 (e)
ISBN: 978-1-4525-3497-8 (sc)

Numero de la Librería del Congreso: 2011908025

Impreso en los Estados Unidos

Balboa Press Fecha de revisión: 7/14/2011

Este libro está dedicado a quien transformó mi vida, mi hijo Michael Alejandro, mi mayor tesoro, mi inspiración, mi gran felicidad. Quiero que lo plasmado en estas páginas sea un legado de amor, un motivo de orgullo y un ejemplo para él. Que mis enseñanzas y reflexiones alumbren siempre su sendero, para que, al final del camino, mi niño brille con luz propia.

Contenido

Prólogo

Escribir este prólogo ha sido una tarea apasionante. Primero, por el tema del manejo femenino de las **emociones**, segundo, por la necesidad de llegar a muchas mujeres que, como Mireya, afrontan la responsabilidad de educar solas a sus hijos. Este libro permite comprender qué significa ser la mamá soltera que asume una nueva vida y que trata de lograr algunos niveles de felicidad. Para la autora esta experiencia es un reto que la inspira y alienta a no perder la fe y el rumbo, aún cuando se enfrenta sola, a esta invaluable labor.

Mireya habla de lo que sabe y nos presenta una emotiva historia, escrita de manera informal. Comparte el nacimiento de su pequeño hijo, su vivencia y su sentir como madre y como mujer, lo hace de una forma tan amable y comprensible que invita al cambio personal como algo necesario, urgente y posible de alcanzar.

Esta mujer, se muestra como alguien sensible que, en determinado momento, se ilusiona, sueña y espera. A través de los capítulos va desdibujando esa ensoñación y se sumerge en una fuerte vivencia; situación no pensada ni deseada, que en un momento fue interpretada por ella como infortunio, como **infelicidad**. Es un dramático testimonio que nos incita a **vivir en el presente** y propone maneras de acercarse a nuevas formas de ser y estar feliz.

Como bien se afirma, la felicidad es, con frecuencia, una posibilidad puesta afuera, en la presencia del otro. La salida se da en cuanto se reconvierte el **yo** en un sujeto deseante por sí mismo. Un yo que merece y trabaja por su propia felicidad y por el derecho de disfrutarla con su familia y con su hijo. Una hermosa forma de amar es compartir con otros la verdad que se ha encontrado; es lo que Mireya logra a través de los 12 capítulos, en los que va desde la desesperanza por su soledad y el desconsuelo debido a su sentimiento de abandono, hasta el cambio y la superación: su nueva posición como mujer y madre soltera. Y termina con

Mireya Posada García

el agradecimiento a **los cuatro hombres**, fundamentales para ella.

El libro tiene un mérito incalculable, pasa de la aflicción y la desilusión al Amor, al reconocimiento, a la motivación y a la verdad. Celebro este ejemplar por la posibilidad de reflexión, de evolución y de ser modelo para muchas mujeres que afrontan las mismas experiencias, para ellas difíciles, pero, también maravillosas. Esta obra llena de esperanza, invita a mujeres y hombres a sobreponerse de sus situaciones difíciles, viéndolas como una nueva oportunidad para ser felices, para **aprender y valorar la vida.**

Dr. Catalina Arcila
P. S. C
Medellín, Colombia.

Introducción

El título de este libro, El privilegio de ser mamá soltera, probablemente les resulte ilógico a muchas personas. ¿Qué mujer podría sentirse privilegiada al quedarse sola con la responsabilidad de un hijo?

De manera amorosa entraremos a vislumbrar que a pesar de los infortunios a los que conlleva esta experiencia de vida, las recompensas son incalculables. El privilegio de la madre soltera se encuentra en los frutos obtenidos después de una incansable y constante perseverancia y en los gratificantes resultados que logra: la superación personal, el orgullo y la satisfacción de haber sido capaz de formar a sus hijos como seres humanos responsables viéndolos crecer sanos y felices, y, muy especialmente, la fortuna de disfrutar de su compañía, su amor, su gratitud y del orgullo que ellos sientan cuando, por fuerza de esa madre, vuelen con ímpetu propio.

*Mamá soltera es el calificativo que la sociedad suele utilizar para identificar a la mujer, cuando se queda **sola**, con la responsabilidad de un hijo; es ese título que casi logra empañar el verdadero sentido de lo que simplemente significa ser mamá: una mujer que se enfrenta con la compleja tarea de ser ambos padres, pero también, alguien que se siente doblemente orgullosa y triunfadora, cuando cierra las puertas a la adversidad y abre una ventana por donde entra la luz de su propia magnitud.*

Como autora de esta obra e inspirada por la lectura y análisis de varios ejemplares de superación personal y de auto-ayuda - de reconocidos autores como Louise Hay, Deepak Chopra, Esther y Jerry Hicks y Wayne Dyer, - y de un sin número de entrenamientos, pretendo despertar una nueva conciencia que nos enriquezca como mujeres y hombres, como personas y especialmente como padres.

Aquellas mujeres que por una u otra razón se enfrentan solas a la honorable tarea de educar a sus menores, ya sea por un divorcio, por una separación, por el abandono de sus parejas, por la distancia o, aún, quienes cuentan con un compañero, pero que no asume con ellas la responsabilidad de ser padres, podrán sentirse identificadas e inspiradas con esta historia. En ella los sentimientos negativos, propios de una situación no deseada, evolucionan a niveles altos de superación personal, con el ánimo de buscar resultados que favorezcan la relación de amistad entre los padres para que ésta, a su vez, beneficie la crianza de los niños.

La madre soltera vive el reto de descubrir su grandeza y también la de su descendencia. Este concepto, y la propuesta espiritual del libro, lo hacen único en su género, ya que transmite un mensaje de alivio y de esperanza, en una época en que tantas mujeres viven esta experiencia, tal vez desconcertante en un principio pero que al final es una bendición de Dios por el simple hecho de tener el privilegio de ser madres.

Aunque la historia se basa en mi vivencia como madre soltera, su enfoque, humano y motivador, tocará también el corazón de quienes lo lean: hombres, mujeres, jóvenes e incluso personas mayores. No limita entonces su público a las millones de mujeres que afrontan el desafío de enseñar a volar a sus hijos sin la ayuda del padre. Este escrito, encaminado a la superación personal y al fortalecimiento mental, es digno de ser leído por todo aquel que anhele salir de una caótica situación o por quien desee llenarse de inspiración para ayudar a otros, ya que responde a la necesidad de fortalecer el perdón, el amor y, especialmente, un conocimiento basado en el poder que yace en nuestra mente y en la manera en que las leyes del universo trabajan para nosotros a la hora de educar a nuestros hijos. Nosotros creamos el entorno en que los niños se desenvuelven y de allí depende no sólo nuestro presente sino también el presente de ellos y, por ende, el presente del mundo.

El libro permite interpretar, por su lenguaje sencillo, la manera de adaptar cada nuevo conocimiento a la salud mental de nuestros hijos, de atraer lo que tanto deseamos para ellos y para nosotras mismas. Conocimiento que no podemos darnos el lujo de ignorar.

Mireya Posada García

Capítulo 1

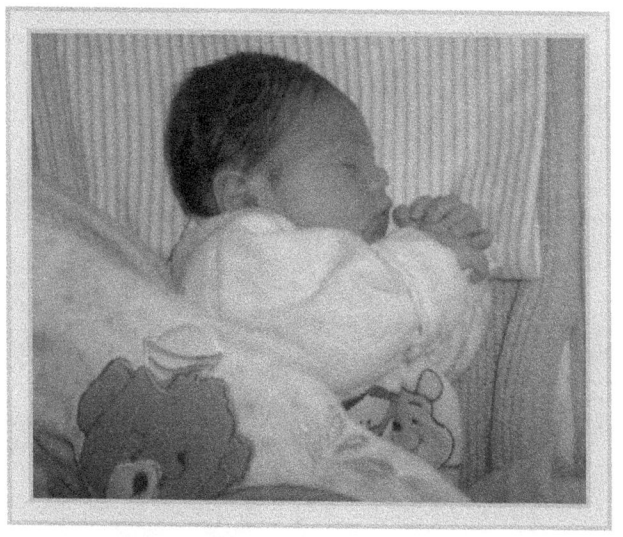

El nacimiento de mi hijo

Aquella fría tarde de invierno, enero 30 del 2006, estaba en casa preparando el espacio en donde pondría la cunita de mi bebé, a quien llamaré Alejandro en esta historia. De repente, sentí que la hora del nacimiento había llegado. Mi amiga Aismet y mi prima Olga se encontraban conmigo y fueron ellas quienes me llevaron al hospital. Olga recogió el ajuar y me acompañó esa noche como lo habíamos planeado, Aismet me cuidó hasta dejarme en el cuarto de cirugía y se aseguró de que yo quedara en manos de los médicos que me atenderían. Un par de horas más tarde mi compañero llegó. Un poco nervioso me apretó las manos y, después de darme un beso me dijo que nos amaba a los dos, que nunca nos abandonaría. Esas palabras le dieron fuerza al amor que entonces yo sentía por él, y a la esperanza de una mejora en la relación con la llegada de nuestro pequeño, ya que hasta ese momento habíamos tenido muchos conflictos; yo temía que ya no se pudieran arreglar las cosas entre nosotros.

Su presencia esa noche fue muy valiosa para mí, a pesar de las incomodidades que conlleva el dar a luz. Me sentía muy segura y satisfecha de tener a ese hombre a mi lado, de contar con su compañía; la mejor manera de expresarle mis sentimientos fue con una cálida sonrisa, y con el gran esfuerzo que hice para que el parto saliera bien.

No entendía aún cómo cambiaría mi vida desde ese instante. Era curioso saber que había entrado "sola" al hospital, y que pronto saldría con un nuevo ser en brazos.

Por un buen rato mis pensamientos se aquietaron, no tenía mucho dolor, pero podía sentir en mi vientre, la inquietud de mi pequeño. Él sabía que su hora había llegado y que nosotros estábamos con él, asegurándonos de que todo saliera bien. Horas más tarde, con la ayuda de su padre, empecé a vivir el alumbramiento. Estaba un poco temerosa, debido a los comentarios de otras mamás que ya habían dado a luz.

El nacimiento de Alejandro aunque doloroso, fue muy especial. El parto fue natural. Era un poco extraño todo aquello, esa personita tan esperada estaba ahí presente, sano, completo, reposando sobre mi estómago ya vacío, acostadito, tranquilo. Aunque ya era una mamá, todavía no me sentía como tal, amaba a mi niño y apenas lo estaba conociendo. Me asustaba no poder reconocerlo entre los otros recién nacidos esa noche, por lo que le pedí a Olga, mi prima, y al padre de mi hijo, que lo miraran, que se aseguraran de darme una señal especial para saber cuál era mi pequeño. Poco a poco, me tranquilicé y cuando pude mirarlo bien, entendí que jamás lo desconocería. La conexión que hubo entre nosotros en ese minuto, fue el gran lazo que une a una madre con sus retoños para siempre. Pero ¿Y el vínculo que une a una persona con su padre al nacer?, no sabía que pensaba, en ese instante, el papá de mi hijo. Sólo sabía que anhelaba con todo mi corazón que se sintiera tan orgulloso y feliz, como yo.

El siguiente día fue muy reconfortante para mí, pude descansar un poco, me sentía con mucha afinidad en mi nuevo rol de madre. Mis amigos y familiares nos visitaron, estaba bien de salud, podía caminar por los pasillos del hospital, además, tenía la ayuda constante de los médicos y las enfermeras a quienes les hacía muchas preguntas. Cada una, poco a poco, fue teniendo su respuesta.

Al tercer día Alejandro tenía el apellido de su padre. Eso me hacía feliz porque demostraba con esa actitud, su amor y su voluntad de estar en la vida de nuestro hijo.

Al prepararme para salir del hospital tenía dos maletas hechas, una silla de coche que al sostener a mi bebé pesaba siete libras y cuatro onzas de más, teteros, papeles y una responsabilidad que aunque fuera la más anhelada, ahora me inquietaba. Mi niño estaba aquí, a mi lado, en esta tierra, indefenso, pequeñito, dependiendo de mí y de lo que yo pudiera o decidiera hacer por él. Su papá no llegó para llevarnos a casa. Me llamó, dijo que no podía faltar a su trabajo otro día más. Sentí una fuerte corazonada, tal vez él no estaría junto a mí para ver crecer a nuestro hijo.

Estaba sola en la puerta del hospital, con mis paquetes y una nueva existencia en brazos, en ese instante mi historia tomó otro color, supe que sería diferente. Miré a mi nene, pensé que lo mejor que podría pasarle, sería tener a su lado un padre y una madre, para siempre juntos. Pero fue aquél bello pensamiento el que más me hizo sufrir cuando tuve que aceptar que solo yo, lo acompañaría. En esos momentos me sentía casi incapaz de llenar ese espacio que, pensaba, sólo lo podíamos llenar ambos padres.

Las puertas del hospital se abrieron para darnos paso a ese nuevo mundo, las enfermeras y médicos que me sacaron de tantas dudas, que cuidaron de nosotros a cada hora, se quedaron allí, ya no contaba con ellos.

Le oré a Dios. Le pedí fuerzas, salud y bienestar para darle a mi niño el mejor porvenir posible. Por primera vez, después, del parto, lloré con todo el corazón, por el temor que, creía toda mamá soltera experimenta al quedarse sola con su hijo.

Si los hombres pudieran entender y tener conciencia de lo que ese abandono significa para una mujer...

Capítulo 2

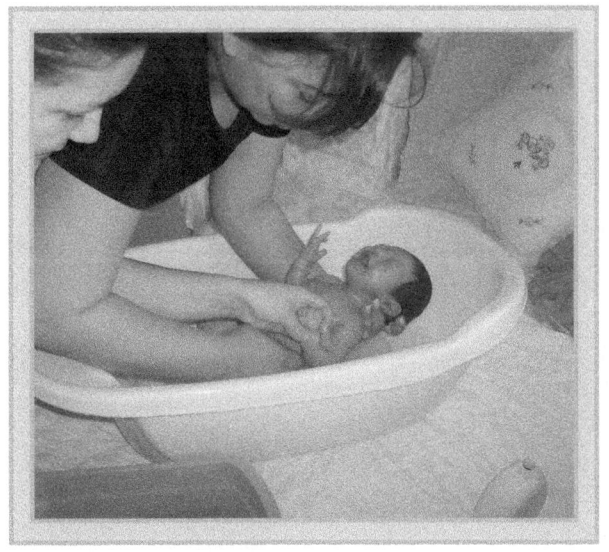

La nueva rutina

Cuando llegué del hospital a mi casa, con el bebé en brazos, me invadía una profunda melancolía: su papá no estaría con nosotros para celebrar la nueva vida. Para distraer ese sentimiento, me ocupé de lo nuevo por hacer. Además, me animaba saber que, gracias a Dios, tenía una casa propia que compartiría muy plácidamente con el precioso nuevo miembro de la familia. Como contaba con la ayuda de mis primas, intenté descansar un poco, sin embargo, el bebé se despertaba cada dos horas con hambre. Aunque mis pechos se llenaban de leche, él no quería recibirla, tenía entonces que extraerla de mis senos para dársela. No volví a dormir bien, la lactancia fue muy dolorosa.

A partir del día siguiente, el padre de mi hijo venía a visitarnos, se mostraba muy cariñoso con el niño y daba un aporte económico para sus gastos. Me sentía agradecida, pero no estaba contenta, mi anhelo de tenerlo con nosotros indefinidamente crecía. Lo soñaba a nuestro lado para siempre, deseaba compartir y celebrar con él cada prenda que le ponía a mi pequeño, cómo le lucía, los gestos que hacía cada día, su dormir y su despertar. Quería que muy pronto él viviera con nosotros, para lograr todos esos planes que hasta entonces habíamos hecho juntos. Las cosas no se dieron de esa manera. Tal vez, por esa razón, cuando él se acercaba a nosotros yo sentía mucha rabia hacia él. Esa era mi manera de expresar que lo necesitaba, de dejarle saber que para mí no era suficiente lo que él podía, o quería ofrecernos en ese momento. Así pasaron los días y a pesar de que me iba acomodando a mi nueva rutina, aún era difícil adaptarme a ella.

Empecé a llenarme de un sentimiento en el cual mezclaba mi amor de madre con el de mujer. Los días y meses enteros de no dormir me daban tiempo suficiente para atormentarme pensando en que me había equivocado, y que Alejandro pagaría por mi error, al no crecer al lado de su papá. Sentía que nos había fallado, mentido, y abandonado cuando más lo necesitábamos, por eso cada vez que él tenía la intención de acercarse a nosotros, era yo quien ayudaba a que se alejara más. Siempre que lo veía me llenaba de reproches y de un llanto incontenible que lograban hacerlo sentir culpable. Los encuentros entre mi hijo y su padre no sólo se hacían más difíciles, sino menos frecuentes.

Todos estos sentimientos negativos iban entrelazando mi felicidad de mamá con mis rabias, mis necesidades, mi amor no correspondido, mi soledad, mi frustración, mi cambio de vida y con el abandono en que me sentía. Solía llorar después de las peleas que se daban entre él y yo, y cada día mi actitud hacia él era más hostil, cortante y fría. Creamos así un témpano de hielo entre los dos, que nos alejaba cada vez más, hasta el día en que no hubo más comunicación entre nosotros.

Él no entendía mis sentimientos, y que toda mi ira no era más que temor. Tal vez, tampoco comprendí sus temores. A lo mejor su situación no era tan fácil como yo pensaba.

Todas esas preocupaciones me tenían desgastada física, moral y económicamente. Había tenido dos trabajos en los últimos 15 años y con la llegada de Alejandro debía tomar la decisión de seguir trabajando y dejarlo al cuidado de una niñera, o de renunciar al menos a uno de ellos, para que él no pasara tanto tiempo lejos de casa. Cualquiera de las dos decisiones iba a ser dolorosa y me iba a afectar bastante. Tenía muchas responsabilidades antes de quedar embarazada y ahora se sumaba una más grande: educar sola a mi hijo.

Un día mientras Alejandro dormía, me senté a contemplarlo, de pronto, su mirada se iluminó al abrir sus ojitos y, por primera vez, descubrí su sonrisa. Después de aquel gesto decidí renunciar a uno de mis trabajos para estar más tiempo con él. Sentía que dejarlo tantas horas al cuidado de otra persona era casi lo mismo que hacía su papá, algo que yo le reprochaba: no dedicarle suficiente tiempo ni atención. Fue así como estuve a su lado sus primeros diez meses, porque consideraba que valía la pena dedicarle mi tiempo y ya lo amaba demasiado. Sin embargo, una crisis económica no tardó en llegar, y sentí mucho temor.

Esta decisión, como todas las que tomamos en la vida, trajo sus consecuencias. Por un lado sentía la satisfacción de ver cómo mi bebé me reconocía cada día, de estar para él en cada despertar. Sentía además la felicidad de cuidar cada detalle de su rutina: sus bañitos en la noche, su alimentación, sus citas médicas entre otras cosas. Cada día que pasaba era como un triunfo más, mi criatura estaba bien, evolucionaba y crecía saludablemente, y, lo más importante, era que no estaba solo, ni abandonado. Pero, por otro lado, estaba mi difícil situación financiera. Podía perder la casa por la que tanto me había esforzado por mantener durante los últimos años. También estaba a punto de perder mi carro por el atraso en el pago de las cuotas. Los ahorros se acababan, al igual que el dinero de las vacaciones y del plan de retiro. Las tarjetas de crédito se coparon al máximo y mi tranquilidad también llegaba a su límite, mis ingresos habían disminuido tras la renuncia a uno de mis trabajos, pero las obligaciones económicas no descendían, por el contrario eran aún mayores. Sobrevivía, y la preocupación financiera se convirtió en un arma más en contra del padre de Alejandro. Sentía que él tenía la obligación de ayudarme a superar ese trance tan difícil, pues todo lo que yo hacía era por nuestro hijo y él debía sentirse agradecido. Esta situación de caos hizo una brecha en mí, y sólo el inmenso amor de madre me sostuvo y no permitió que me desmoronara.

Era difícil pensar que ese hombre dulce y amoroso del cual me había enamorado y al que le había dado el fruto de mi amor, me hubiera mentido para después alejarse, al parecer, sin importarle nada nuestra situación. Bajo aquellas circunstancias no podía detenerme a pensar que, a lo mejor, él también sufría.

Capítulo 3

Caos emocional

Nunca descuidé a mi hijo, por el contrario, siempre lo llené de atenciones, comodidades, besos y abrazos. Quería compensar el amor que yo pensaba le faltaba, por eso, le daba todo lo que más podía. Alejandro era tranquilo, sin embargo algunas veces se mostraba inquieto, no dormía bien. Parecía percibir mis desalentadoras emociones. No estaba contenta, pero aparentaba sentirme feliz ante él. Si seguía en ese estado de tristeza, mi bebé se sentiría igual lo cual no era bueno para ninguno de los dos. Además, mis amigos, y en especial mi familia, me recordaban constantemente cuánto daño nos causaba mi estado tan depresivo. En ese entonces no entendía que "Pretender" no cambiaba la forma en que mi pequeño me percibía, pues la energía no puede cubrirse bajo el manto de una sonrisa cuando en el corazón no hay verdadera paz.

No paraba de pensar, me inundaban sentimientos encontrados, no contenía mi llanto, y todo ese caos en mi cabeza me llevó a un estado emocional de depresión profunda. Sé que muchas mujeres lo han experimentado después de pasar por una serie de situaciones difíciles, a las que usualmente tildamos de frustrantes y desalentadoras. Era complejo asimilar como mi vida había cambiado: me sentía atrapada en mi propia casa, mientras que afuera la vida continuaba; era como si yo no existiera.

Deseaba trabajar más para generar ingresos extras, pero no contaba con la suficiente ayuda para hacerlo. El préstamo de la casa y todas las demás cuentas aumentaban, debido a los altos intereses y a las multas adquiridas por los pagos atrasados. Encontré entonces, varias justificaciones, como la mala situación financiera, el post-parto, la soledad, el desamor, la falta de sueño, el cambio de rutina, entre otras, para convencerme de que estos motivos, me daban la razón para estar deprimida. Fue así como empecé a sentir una inmensa auto-compasión y a perder el control de mis sentimientos. Caí en un fango emocional que me hacía descender del amor más intenso a la esperanza, de la esperanza al pesimismo, del pesimismo a la frustración, de la frustración a la desilusión, de la desilusión a la ansiedad, de la ansiedad al reproche, del reproche a la ira, de la ira a la culpa, de la culpa al miedo y del miedo, a la peor de las emociones, la depresión.

Quise enfrentar ese sentimiento de abatimiento y, sobre todo, acabar con él.

Siempre fui una mujer fuerte, superé otras circunstancias dolorosas en mi vida, pero, en esta oportunidad, sentía que no podía vencer esta adversidad, tal vez era porque mi niño estaba envuelto en ella.

Algunos amigos y conocidos querían saber qué sucedía entre el padre de mi hijo y yo. Unos tomaban el tema con sarcasmo, otros querían ayudarme a superar mi depresión. Desde una y otra intención, constantemente me preguntaban si el papá visitaba al bebé, o cuál era la razón de nuestra separación, si juntos nos veíamos tan felices. Por supuesto, no dejé de escuchar las típicas frases: "No te preocupes, ya otro amor vendrá a tu vida" o "Tranquila, es él quien pierde". Cada vez que escuchaba esas palabras, mi ánimo se iba al suelo, no sólo porque sentía que les causaba cierta lástima, además porque de alguna manera me sentía como si les debiera una explicación.

Cuando asistía a los baby shower y a las fiestas navideñas o de cumpleaños, las conversaciones, por alguna extraña razón, siempre eran sobre las parejas que se separaban y el esposo o compañero nunca regresaba o matrimonios que se reunían después de muchos años de abandono. También escuché decir de aquellos hombres que en su vejez se arrepentían de haber abandonado a sus hijos. Parecía que debía acostumbrarme a esos comentarios y luego consolarme con la idea que no sería ni la primera ni la última que viviría esa experiencia. Era realmente incómodo, aburrido y, además, doloroso estar en medio de esas charlas: no quería ir a fiestas, ni asistir a reuniones en donde hubiera conocidos con quienes tuviera que justificar mi situación. Además, tampoco quería escuchar más esas palabras de consuelo, que en vez de levantarme el ánimo, me hundían más.

Al tramitar documentos legales como el seguro médico, la declaración de impuestos, el pasaporte, y otras documentaciones, tenía que aclarar que yo era la única responsable por mi bebé, y que su papá no vivía con nosotros, eso reafirmaba más mi sentimiento de abandono.

No podía comprender por qué me incomodaba tanto todo esto, si Alejandro es lo que más amo en este mundo, y yo me siento tan orgullosa de ser su madre. Tal vez me acongojaba, porque hasta ese momento mamá soltera era para mí, un sinónimo de desamparo, de fracaso, o ser objeto digno de lástima. En el fondo de mi corazón sabía que ya llevaba esa etiqueta.

No deseaba salir a la calle con mi bebé para evadir la sensación de verlo abandonado cuando, frente a mis ojos, una pareja jugaba con sus hijos en el parque, o comían y compartían en un restaurante, o, simplemente, algo que me pesaba en lo más profundo del alma, cuando un padre tomaba a su pequeño de la mano o lo llevaba en sus hombros, dándole protección. Por eso, mi "brillante" idea fue alejarme de todo el mundo y hundirme sola en mi "problema".

Capítulo 4

En la búsqueda de ayuda

Compartir con otros se tornó abrumador, pero estar encerrada fue mucho peor, sentí más temor y más soledad que nunca. No sólo me encerré física, pero también mentalmente. Me enfrasqué en los pensamientos que consideraba eran mi realidad, no podía ver más allá de ellos. Comparaba lo que veía como mi "Mala fortuna" con cualquier otra cosa que se le pareciera, hacía conjeturas y sacaba conclusiones de ellas, revivía en mi mente, con detalles, las circunstancias que consideraba como problemas y quedaba con la confusión de cuál era mi verdad o cuál era mi fantasía. Mi casa se convirtió en el lugar perfecto para llorar y llorar y llorar. No encontraba sosiego, nada me alegraba, las ocasiones que debían llenarme de felicidad me entristecían, cuando pensaba que mi bebé no las estaba compartiendo con su padre, que no lo había vuelto a ver, que no contaba con él, ni con su familia. La situación se me hacía irónica: ellos que vivían tan cerca, en la misma área, estaban tan alejados del niño, mientras que mi familia, que lo amaban tanto, vivían separados de nosotros por una gran distancia.

Con sentimiento de culpa me preguntaba si le había fallado a mi hijo, al haber elegido para él a un papá que, de alguna manera, estaba ausente en su vida.

Después de varios meses de estar sumergida en una gran depresión y tristeza y después de mucho llorar, empecé a darme cuenta de que no podía seguir así, que algo tenía que cambiar en mí. Entonces, reflexioné acerca de la manera en que estaba manejando mis emociones, y hasta cuándo iba a arrastrar con esa mala energía.

Las pocas personas con quienes me comunicaba, empezaron a aburrirse de mi estado de ánimo, y las palabras de consuelo que al principio recibía de algunos de ellos se transformaron con el tiempo en reproches. Me preguntaban por cuánto más tiempo iba a seguir en ese estado de amargura, me decían también que el padre de Alejandro no se merecía a una buena mujer como yo. Además, que mi estado emocional le estaba haciendo daño al bebé y que yo era la única que podía hacer algo para salir de esa depresión.

Sabía que las personas que me aconsejaban tenían la razón, pero, simplemente, pensaba que ellos debían entender mi rabia y mi desconsuelo. Estaba erróneamente convencida de tener los suficientes motivos para sentirme como me sentía. Suponía que el papá de mi pequeño estaba feliz, mientras, junto a mi bebé, yo sufría su desamor. Por eso, cuando no tenía melancolía, me quejaba por "mi mala suerte." Asimismo me cuestionaba, por qué estaba pasando por esas circunstancias tan dolorosas que no creía merecer, por qué él se acercó a mí, por qué me dijo que me amaba si después sus actos mostraban lo contrario ¿Por qué a mí? ¿Por qué? ¿Por qué? ¿Por qué?

No sólo mis parientes y amigos estaban cansados de mi depresión, también yo me sentía extenuada de mi encierro, mi continuo llorar, mis quejas, mi desánimo para seguir adelante. Anhelaba salir de todo ese desconcierto emocional para lograr ser una mamá, y una mujer feliz. Sin embargo pensaba, con desesperanza y abatimiento, que ese día estaba lejos. Ansiaba dormir y despertarme un tiempo después sin ese sentimiento de desasosiego y de angustia. Fue entonces cuando comprendí que debía tomar una **decisión** y aceptar mis debilidades. Deseaba salir de ese estado depresivo, pero también sabía que no podía hacerlo sola y que la única solución era buscar ayuda profesional.

Llamé a mi hermana Beatriz y le comenté mi inquietud de recibir una terapia. Ella me recomendó a una profesional en auto liderazgo, de su ciudad, a quien ella le tenía mucho respeto y confianza, Catalina Arcila. Acepté su consejo porque realmente, necesitaba ayuda, y me contacté con ella. Ambas estábamos en países distintos, ella en Medellín, Colombia y yo en Nueva Jersey, EEUU. Aún así comenzamos la terapia. Inicialmente, por teléfono, debido a que en ese momento yo no contaba con las facilidades económicas para viajar y hacerla en persona y necesitaba empezar lo más pronto posible para hacerle un alto a mi crisis emocional. Fácilmente se proporcionaron los medios para hacer los pagos de mis consultas y para que ella pudiera atenderme una vez a la semana, a una hora específica.

Encontrar a Catalina fue una bendición, ella era la ayuda que necesitaba en esos momentos para calmar mi desconcierto. Su orientación fue un gran alivio, no sólo emocional pero además monetariamente, ya que me resultaba mucho más económico pagar una terapia con ella, que hacer una consulta psicológica en EEUU, en donde los honorarios de una profesional de su calidad son muy altos. Me sentí muy afortunada y tranquila con la guía de una experta tan calificada y con un gran calor humano. Por tanto, mi comodidad para contarle mi conflicto, me permitió recibir serenamente sus acertados consejos.

Buscar ayuda es la decisión más sabia que cualquier ser humano puede tomar, cuando se encuentra en un reto que no es capaz de superar por sí mismo. Infortunadamente, es a veces una necesidad difícil de admitir para muchas personas. Creo que todos requerimos de esa ayuda emocional alguna vez, ya que de cierta manera desde que llegamos a este mundo afrontamos muchas dificultades, una de ellas se da en el momento de nuestro nacimiento. Al nacer nos encontramos con un ambiente completamente diferente al del vientre materno, el cual es tranquilo, silencioso y pasamos a un mundo ruidoso y amenazante.

Recibir apoyo emocional no significa ser incapaz de solucionar los problemas propios o que se esté loco, simplemente se puede no contar con las herramientas, ni con el conocimiento suficiente para superar una situación confusa en una determinada circunstancia de nuestra vida. El especialista no da la solución a un problema en una sola terapia, tampoco dice una palabra mágica que cambie el rumbo de los problemas en un instante, pero orienta y muestra los pasos a seguir para la superación. Por eso, dejarse llevar de la mano de una persona capacitada para recorrer los caminos espinosos es sanador, lo fue para mí.

Con Catalina entendí que un hogar no es precisamente el lugar en donde viven un papá, una mamá y unos hijos. El hogar es nuestra casa, es ese lugar nuestro y de la persona que está a nuestro lado amándonos, apoyándonos, haciéndonos felices, preocupándose por nosotros, no importa si es nuestro esposo, madre, hermano o hasta nuestro mejor amigo. Ese criterio fue mágico para mí, porque descubrí que mi hijo **sí** tiene un hogar, que él y yo somos un hogar. Fue ese pensamiento el que me abrió los ojos y me permitió descartar la idea que los dos estábamos solos.

A medida que avanzaba con mi aprendizaje y que empezaba a comprender esas cosas, mi rabia se convirtió en orgullo porque entendí lo que tenía para ofrecerle a mi bebé, a pesar de los inconvenientes económicos. Los pequeños detalles entre los dos se convirtieron en maravillosos, fue así como empecé a disfrutar cada vez más a mi pequeño y a sentirme todavía más feliz de tenerlo conmigo. Recobré mi auto estima, era como prepararnos para ver el mundo exterior con otros ojos; me arreglaba para él y lo vestía para mí, decidí salir con él a caminar, a jugar en el parque o en la nieve, según el clima, al centro comercial, a la piscina, a fiestas infantiles, o simplemente nos quedamos en casa viendo televisión. Ahora, a veces, cuando tengo la oportunidad, reúno a sus amiguitos más cercanos y realizo actividades con ellos, me preocupo porque sus comidas sean saludables y tomo fotos especiales para que los acontecimientos más gratos queden plasmados en su álbum de recuerdos. Los momentos simples que compartimos tienen un sentido muy especial, sin que nada los pueda ensombrecer. Él y yo somos felices y eso es más que suficiente para sentirme tranquila y agradecida con nuestro creador. Por eso, si la melancolía intenta llegar de nuevo, la desecho inmediatamente. Me concentro en una nueva actividad o, simplemente, beso y abrazo a mi chiquillo para recargarme con nuevas fuerzas y superarla.

Existen muchas parejas que viven con sus hijos en la misma casa, sin embargo, esos niños se sienten solos o abandonados, porque quizás viven entre los gritos, las peleas, la indiferencia o el desamor que sus padres sienten el uno por el otro. Quedan así expuestos a situaciones que pueden causarles grandes traumas y temores que los afectarán en su edad adulta. Ellos lejos de vivir en un hogar, viven una pesadilla. Aunque Alejandro no vive con su padre, está creciendo en un ambiente de amor, de paz y de unión que le he brindado. Todo esto gracias a lo que representa para mi el valor de mi familia y el papel que ellos han desempeñado en mi vida. Mi hijo **si** tiene una familia, la mía.

Capítulo 5

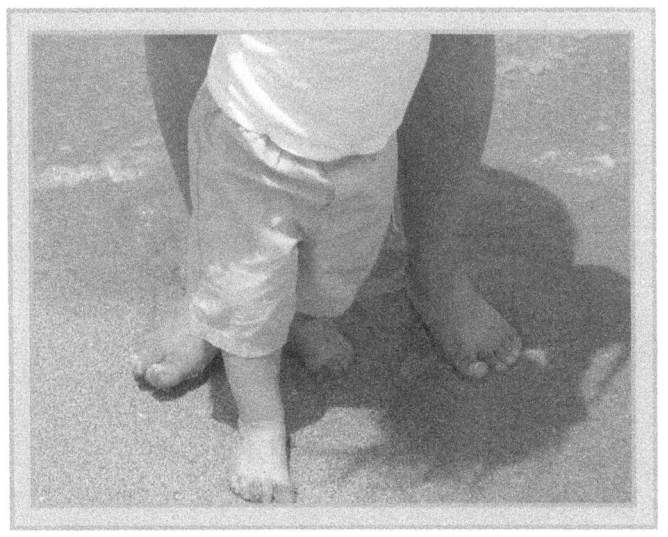

El camino del perdón

Con mi entrenamiento entendí que el padre de mi hijo no es una mala persona. Por tanto, sus acciones no necesariamente partieron de la mala fe. Él, dio lo mejor que pudo, ofreció lo que sabía dar, de acuerdo con su experiencia de vida, aunque eso no era lo que yo esperaba recibir de su parte. Por eso, en aquel tiempo me era difícil comprender por qué una persona con buenos sentimientos, que quería demostrar su amor, pudo herir a través de sus acciones a quienes supuestamente amaba.

Cuando la madurez y las bases morales y espirituales de una persona no son fuertes, o no están bien establecidas, cuando el individuo no tiene un conocimiento de la forma como funciona su mente, entonces oscila entre sentimientos de amor e inseguridad, y, como resultado, toma decisiones poco acertadas basadas en sus propios miedos y dudas. Usualmente los seres más queridos son quienes a menudo sufren las devastadoras consecuencias. A mi parecer, éste era el caso del papá de mi bebé. Además tampoco yo estaba entrenada para ser la observadora de mi propia vida y tomar las mejores decisiones y aunque para mí fuera doloroso aceptarlo, tenía que hacerlo para poder eliminar mi rabia y mis reproches hacia él y para tomar total responsabilidad de mi participación en nuestra situación.

No se trata de querer justificarlo, ni de buscar rehacer mi relación con él, simplemente necesitaba entender su historia, sus miedos, sus experiencias, sus bases morales, su manera de ser tan diferente a la mía, y, finalmente, comprender por qué sus acciones hacia nosotros eran tan desconcertantes para mí. También necesitaba conocerme más a mí misma para tomar control de mi vida y dejar de sentirme aludida por las acciones de mi ex pareja.

Soy una buena mujer, sé que no me enamoraría de un mal hombre. Los dos vivimos una historia inolvidable de ilusión, engendramos a nuestro hijo con amor. Me enamoré de sus cualidades, de su calidez, de sus caricias, de sus besos y de su sensibilidad. Como algún día dijo el reconocido autor y novelista Colombiano Gabriel García Márquez: "Solo porque alguien no te quiera como tú quieres, no quiere decir que no te quiera con todo su ser". Hay personas que huyen de situaciones difíciles no por maldad, sino por temor y jamás vuelven, no por desamor sino por cobardía, pero, no se equivoca el autor y terapeuta Walter Riso en su libro Amar o depender al recitar: *"Quien te hace sufrir, no te merece. Si te hiere "sin querer", entonces, tal vez te merezca, pero no te conviene"*.

Creía que era injusto que tuviera que enfrentar sola toda la responsabilidad del bebé, pero también sé ahora que gozo de los privilegios de ver crecer a nuestro hijo. Estoy cerca de esos momentos que se van tan rápido, que si los perdemos jamás los podremos recuperar. Yo disfruto de su compañía, de su delicadeza, de su amor, lo veo dormir en las noches y despertar cada mañana un poquito más grande, más lleno de energía y más curioso y atento al mundo que lo rodea. Es verdad; tengo la fortuna de vivir la mejor parte de esta historia.

Después de esta bella reflexión me di cuenta de que además de disfrutar a mi niño necesitaba también pensar un poco más en mí, examinar las cosas que merecía, darme un puesto importante y dejar de ponerme siempre en el último lugar. Y, para eso, debía considerar un cambio en mi comportamiento para mejorar mis debilidades y asumir mis responsabilidades de una manera diferente. Necesitaba adoptar una actitud más receptiva frente a la vida. No podía entregarlo todo y esperar que mis manos estuvieran llenas, *porque cuando das demasiado y no eres buena recibidora, tus manos simplemente se quedan vacías.*

La virtud del dar debe ser recíproca, es por eso que recibimos en la abundancia con que damos. Esa parte era para mí difícil de entender, porque le di al padre de Alejandro lo que creía era lo mejor de mí, lo que sabía dar de acuerdo con mis conocimientos y con los sentimientos que tenía hacia él, pero tal vez eso tampoco era lo que él esperaba recibir. Muchas veces fui incomprensiva, acusadora y cortante, lo juzgué sin medida. Mi actitud de "víctima" me puso a la defensiva, en su contra: cualquier acción que viniera de parte de él hacia nosotros, por mejor intencionada, era recibida como falsa. Varias veces que vino a buscarme le dije que se fuera, aunque deseaba que se quedara. Como asumía que él era culpable de nuestra separación, suponía que él tenía que venir a buscarnos si realmente nos amaba, así se le cerraran continuamente las puertas de mi casa.

Sacaba conclusiones y conjeturas erróneas acerca de sus sentimientos, de sus pensamientos y de cómo debería actuar para compensar sus acciones. Necesitaba calmar la cólera y la indignación causadas por los conflictos entre nosotros.

Admití que mi actitud hacia él tenía que cambiar, porque yo también era responsable de lo sucedido entre los dos. Cada persona tiene el poder de la elección; tomar sus propias decisiones o aceptar las determinaciones del otro, eso la hace cómplice de la manera en que la relación se desarrolle. Comprometerme con esa idea se convirtió en un gran reto, porque me dejaba con dos opciones; acceder a tomar responsabilidad frente a mis errores para lograr así corregirlos, y aprender a perdonar.

Me costaba muchísimo trabajo olvidar las ofensas, siempre fui muy radical. Por eso, se me hacía tan difícil dejar de juzgarme a mí misma y, sobre todo, perdonar a quien no me estaba pidiendo perdón.

Pensaba que olvidar una ofensa significaba actuar con debilidad, que esa actitud me llevaría a dejarme manejar por otros. Asociaba el perdón con la complicidad de los actos que repudiaba y me indignaban de otras personas. Así, con la terquedad y el perfeccionismo que me caracterizaban en aquella época, me imponía una actitud inapelable ante la sugerencia de perdonar.

Soltarme de esa mala costumbre no fue fácil, pero quiero confesar ahora que cuando me apegaba a ella, ponía una carga muy pesada sobre mis hombros.

Mi ego me impedía comprender que las personas cometen errores, que también yo los cometo, que todos tenemos derecho a una segunda oportunidad. Además, permitir esta flexibilidad de pensamiento, me quitaba la dura tarea de demostrarles a los demás cuán fuerte podía ser.

Hay quienes se abstienen de liberarse de un agravio porque piensan que hacerlo los obliga a involucrarse física o moralmente con quien les ha hecho daño, permitiendo insultos, agresiones, o humillaciones, sin embargo, el perdón no es eso. Tampoco nos incita a pisotear nuestra dignidad, ni a mostrarnos débiles. Por el contrario, perdonan los nobles, los dignos, los buenos, los pacíficos y los fuertes. Aunque a pesar de ignorar las afrentas recibidas tenemos el derecho de defendernos legalmente o de exigir que se cumpla con las responsabilidades u obligaciones de cualquier índole que tenga esa persona con nosotros, si fuera el caso.

Perdonar, entonces, significa **dejar ir**; eliminar la ira, los reproches, las críticas, las amenazas, los malos recuerdos; no obstinarse con lo que pudo ser y no fue, recuperar la paz interior, desligarnos del pasado, dejar de juzgar. Perdonar es sentir compasión, humildad, entendimiento y actuar con madurez, con sensatez, con sabiduría pura. Perdonar no es olvidar, es poder recordar sin sentir dolor.

Catalina, me dijo un día algo que siempre recordaré; "Perdonar a quien te hace daño y aceptar que no vas a estar más en su vida, significa renunciar a los sueños que una vez formaste con esa persona. Renunciar a esos sueños puede ser muy doloroso, pero también puede ser un gran alivio".

Capítulo 6

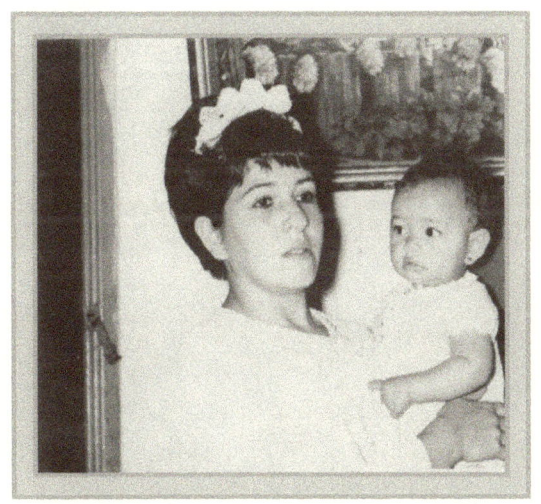

Descubriendo secretos

$\mathcal{D}$ecidí que tenía que aceptar con sabiduría las experiencias por las que estaba pasando, estar en paz conmigo misma y perdonar para terminar definitivamente con mi estado depresivo de una manera amorosa y serena. También debía renunciar al amor que sentía por el padre de mi hijo, a la ilusión de levantar a mi pequeño a su lado. Estas decisiones difíciles no se interiorizan inmediata ni fácilmente.

Necesitaba partir hacia otra dirección, aclarar mi mente y empezar con nuevos planes. Contar con la información que obtuve a través de mi entrenamiento, aceptarla y ponerla en práctica fue dar un paso hacia adelante, hacia un nuevo camino.

Quería hacer algo diferente, tomarme un poco de tiempo libre, lejos de mi casa, y del entorno en que el niño y yo estábamos viviendo. Fue entonces cuando opté por viajar a mi país natal, Colombia, para visitar a mi familia y, muy especialmente, para que mi bebé los conociera. Anhelaba también tener fotos de él con cada uno de mis familiares para que a medida que él creciera pudiera reconocerlos y familiarizarse con ellos. También quería aprovechar esa oportunidad para conocer, personalmente, a mi entrenadora.

Esa visita a mi país fue mucho más de lo que me esperaba. El bebé se acopló a mi familia de una manera muy especial. Además, tuve un bello encuentro con Catalina, pues aunque apenas nos distinguíamos, ambas tuvimos la sensación de habernos visto antes. Me pareció fascinante pensar que a pesar de la distancia, ella conocía tanto sobre mi historia. Desde ese primer encuentro decidimos continuar con mi terapia personalmente por los días que yo estuviera en mi ciudad.

No sólo viaje para crear un vínculo entre Alejandro y mi familia, ni para conocer personalmente a Catalina, además lo hice, sin saber, para descubrir un secreto celosamente guardado por mi madre, por todos los años que yo tenía de vida. Mi mamá me confesó que no era la hija biológica de aquel a quien llamaba papá.

Al tiempo de mi nacimiento mi mamá vivía su propio conflicto de pareja con el hombre que me dio el ser hasta que terminaron definitivamente su relación. Ambos continuaron sus vidas en diferentes ciudades del país, y eventualmente perdieron el contacto. Después, mi mamá se casó y yo hice parte de esa nueva unión. Como mi madre y su esposo querían tener más hijos y no querían establecer diferencias entre mis hermanos y yo optaron por ocultarme la verdad acerca de mi procedencia. Tal vez, también, porque era muy pequeña para entenderlo.

El hecho que estuviera viviendo una situación similar a la de mi mamá cuando se quedo sola conmigo, fue razón suficiente para que ella pensara que sabiendo esta historia yo podría evitar los errores que ella cree que cometió conmigo cuando yo era apenas una infante.

A quien consideré siempre como padre es un hombre maravilloso conmigo, no sólo me educó, pero además me ofreció un hogar cálido y seguro. Se preocupó por mi educación básica, me apoyó en muchas decisiones importantes e hizo grandes sacrificios por mí. Lo amo demasiado, sólo tengo cosas bellas para decir de él, pero en aquel tiempo estaba dolida porque nunca me dijo la verdad sobre mi origen. No sabía si reprocharle por su silencio de tantos años, o si estarle agradecida por el papel de padre que jugó en mi vida. Solo estaba completamente segura, de que mi madre hizo lo que consideró mejor para mí, y que el hombre que me formó me brindó el amor que se le debe dar a todo hijo; nunca hizo diferencia alguna entre mis hermanos y yo.

Aquella noticia que me dio mi madre me desconcertó muchísimo, pero mi reacción fue pacífica. Estaba confundida, jamás imaginé no ser la hija biológica de quien siempre pensé me había engendrado, no entendía el por qué lo supe precisamente en el momento en que mi niño estaba conociendo a mi familia. Me sentía como desvinculada de él por la falta de la unión de sangre, y esto, al mismo tiempo, desvinculaba al nieto de su abuelo. No lograba entender por qué me había sucedido eso a mí. Me parecía haber vivido una mentira durante toda mi vida, me hacía muchas preguntas tratando de encontrar respuestas. ¿Por qué? ¿Por qué lo supe ahora? Esas dudas me crearon un desequilibrio emocional, era como dar un paso hacia atrás, en ese nuevo camino que pretendía empezar a recorrer. Visité de nuevo el consultorio de Catalina. Ella volvió a ser ese bastión en donde me refugié para poder seguir adelante.

Catalina me explicó que cuando uno decide encaminarse conscientemente hacia una nueva dirección, como estaba yo haciendo, ese camino debía estar limpio de engaños y de las personas que pudieran causarme dolor. Quizás por esto los secretos se estaban develando, y las mentiras se estaban esfumando de mi camino. Sucedieron cosas que consideraba injustas o inciertas, pero necesitaba verlas de manera positiva para aceptar que todo se dio, simplemente, porque había una razón para ello, aunque en aquel instante no lo pudiera entender. Ya llegaría el momento en que pasaría el dolor y me acompañarían enseñanzas y recompensas incalculables. Al parecer, todo lo lamentable solo era parte de un proceso que finalmente me ayudaría a crecer como persona y que, obviamente, era difícil de entender, y de aceptar, porque casi nunca estamos preparados para enfrentar el dolor.

Después de analizar mi situación, consideré muy importante que Alejandro nunca se sintiera abandonado por nadie, especialmente por su padre, por eso en su ausencia trataba de recordarle constantemente al niño su existencia mostrándole fotos, mencionándole su nombre y diciéndole frases como: "Papi es lindo y te quiere mucho". Él me entendía, lo sé. Muy dentro de mí sabía que algún día ellos iban a reencontrarse, que las cosas cambiarían para los dos.

Al regresar de mi viaje, volvía enfrentarme con los problemas económicos, que habían aumentado durante mi ausencia. Mi vida reflejaba la misma realidad de meses atrás y una nueva verdad que me confundía. Era consciente de lo que me pasaba, necesitaba encontrar una solución, pero no lograba hallarla. Era como poner las cartas sobre la mesa cuando no sabes jugar al póker.

Tenía muy claro que quería lo mejor para mí y para Alejandro, por eso debía estar bien, económica y mentalmente, y ahora conocía un modo para lograrlo. Con esta nueva percepción, encontraría en mi camino personas, momentos, situaciones, diversas oportunidades y muchas cosas más, para que pudiera encaminarme de la mejor forma posible. Sabía que lo lograría si continuaba teniendo una actitud más fuerte y optimista.

Muchos cambios positivos estaban por llegar, y poco a poco tenía que empezar a descubrirlos y a adaptarlos a mi nueva manera de vivir, aunque en ese momento no sabía por dónde empezar. Sabía que cosas maravillosas nos esperaban a mi hijo y a mí, porque ambos nos las merecemos.

Capítulo 7

Mi búsqueda interior

Estaba en mi búsqueda interior. Parecía ser una nueva persona a la que debía descubrir y conocer. Mi conciencia y mis prioridades cambiaron, y, con ellas mi percepción del mundo que me rodea: lo que antes era de gran importancia, ahora dejaba de serlo. Necesitaba analizarme para conocer mis limitaciones y cambiarlas. Quería alcanzar una vida consciente y libre de dudas, donde los problemas no me atormentaran más. También debía combatir mis temores para poder enfrentarme a las responsabilidades de la casa y del niño. Debía complementar mi gran felicidad de ser madre levantando mi autoestima y valorándome más como mujer.

Tenía un gran amor por dentro, un inmenso sentimiento al que no podía darle un nombre, unas ganas inmensas de salir adelante, de sacudirme la sensación de derrota, angustia y abandono. Pero había obstáculos que todavía me retenían y me llenaban de inquietud, uno de ellos era la amenaza de perder mi casa.

La renuncia a uno de mis trabajos, el tiempo con mi bebé y los gastos de mi último viaje, me dejaron en una fuerte recesión económica, motivo por el cual me atrasé en los pagos del préstamo hipotecario. Sobreviví con las tarjetas de crédito pero sus altos intereses, ahora, se sumaban a mi déficit monetario. Por eso, cuando busqué ayuda en el banco para evitar el remate de la casa, me encontré con una negativa. Mis bajos ingresos y mi corto historial de crédito para ese entonces impedían que me aprobaran un préstamo para recuperarla. La incertidumbre se apoderó de mí, no sabía qué hacer ni qué camino tomar.

Un día, mi mamá me recomendó un libro que le había gustado mucho: ejemplar que Catalina, le recomendó alguna vez a una amiga nuestra "El poder de la mente subconsciente" de Joseph Murphy.

Esta lectura fue la clave para encontrarme a mí misma. Aprendí que todo lo que quería alcanzar o cambiar en mi destino, podía lograrlo, solamente, cambiando mis perspectivas, mi manera de pensar. Entendí que la mente tiene dos funciones: trabajar de manera consciente y subconsciente.

El modo en que la mente trabaja conscientemente se manifiesta en forma de pensamientos, ideas, imágenes, opiniones, impresiones, sensaciones e interpretaciones de las cosas que percibimos a través de los diferentes eventos que suceden en nuestro diario vivir. Nosotros ejercemos el control absoluto del efecto de dichas manifestaciones en nuestra vida.

Nuestra mente **consciente** es aquella voz interna que nos habla, aún, cuando estamos callados. Ella nos permite considerar, juzgar, planear o criticar algo o a alguien. Por ejemplo cuando pensamos: "Qué mal viste tal persona, que patán es ese tipo, o que tierno es ese bebé que diviso a lo lejos". Podemos cambiar los comentarios de esa voz interna o dejar que ellos gobiernen nuestro juicio, ya que tenemos el poder de elegir.

La mente **subconsciente**, en cambio, es esa parte de nuestra conciencia que no podemos controlar. Ella simplemente está ahí, pegada a nuestro interior, receptiva, silenciosa y sin censura. La mente subconsciente es como tener un cofre de los recuerdos detrás de nuestro cerebro, que de pronto se abre para traernos de vuelta vivencias de la infancia que podemos recordar y sentir como si fuera hoy, con tan sólo ver una fotografía o con percibir el olor de una comida. Es ese baúl de las memorias perdidas que nos hace tararear una canción que hace mucho tiempo no escuchábamos, o que nos trae momentos alegres o tristes del pasado, aún, sin que hayamos decidido pensar en ellos.

Verás, siempre que utilizamos nuestra mente conscientemente para enfocarnos o pensar en algo, nuestro subconsciente capta ese pensamiento y lo acomoda en ese estuche de los recuerdos, para después presentarnos esa misma idea en un futuro, pero en forma de apreciación, concepto o creencia, sin discriminar la forma en que estas ideas nos afecten. Además, el subconsciente tiene la habilidad de proyectar en nuestras vidas lo que venimos acomodando en nuestro baúl mental. De ahí que algunas personas reflejen por medio de sus acciones y palabras, las vivencias negativas y positivas recopiladas en su pasado, y no entiendan, en muchas ocasiones, las causas de sus actos o pensamientos actuales. Estas dos funciones de la mente, trabajan en las personas adultas, también, y especialmente, en los niños, quienes forman sus pensamientos basados en su entorno. Esas reflexiones serán después captadas por su mente subconsciente y, eventualmente, guardadas en el cofrecito de sus memorias para de nuevo presentarse, en su edad adulta, en su mente y en sus experiencias.

Al reflexionar sobre este tema, cuestioné mi influencia para que los recuerdos guardados en el subconsciente de mi bebé fueran para su futuro beneficio. ¿Quería aportar a su mente la imagen de una mamá triste, angustiada y derrotada? La respuesta, definitivamente, fue un enfático NO.

Esta negativa, era una respuesta radical y un compromiso con mi hijo. Los niños no pueden escoger sus experiencias, por eso mamá no es sólo aquella que se preocupa por la ropa, la comida o la salud física de ellos, es también, aquella que vela por su salud mental y esta misión no se incluye, a veces, en nuestra lista de deberes.

Discerní, además, que debía ser feliz para que Alejandro también lo fuera; que debía encontrar la paz interior para que él viviera en armonía; que debía vivir en abundancia para que no conociera de carencias. Finalmente entendí que aunque él tuviera sus propios pensamientos y vivencias lo que pasara en mi vida durante su crecimiento, impactaría de manera importante el desarrollo de su personalidad.

Ahora me encontraba en la tarea de descifrar cómo y a dónde ir para lograr esa felicidad, esa paz interior y esa abundancia que tanto anhelaba, para mi beneficio y el de mi niño y que en aquel entonces pensaba que estaba afuera, en la parte externa.

Hay una inteligencia en nuestro interior donde podemos encontrar todas las soluciones a nuestros problemas, el poder está dentro de nosotros, en nuestra mente. No hay que buscarlo afuera, tampoco hay que ser un genio, ni ser el más rico, ni la más bella, ni hay que inventar algo nuevo para demostrar que tenemos un poder o una capacidad. El poder de nuestra mente es sencillamente la sabiduría que tenemos, la abundancia que a nuestra medida nos llega, la felicidad que sentimos cada día, la habilidad que tenemos para desarrollar cualquier trabajo que realicemos, nuestra capacidad de amar y de perdonar, la observación de lo que pensamos y de lo que hablamos.

Todo este concepto me encantó. Me llenó de una gran esperanza pensar que podía salir de ese caos emocional desde mi cuarto, mi cama, mi cocina o desde cualquier lugar donde estuviera. Tenía la información más importante y, sobre todo, las ganas de ir más allá. Eso significaba, un encuentro armonioso entre Alejandro y su papá, recuperar la casa, el carro y pagar todas las deudas. Más adelante pensaría en lograr otras cosas, pero en ese momento esos eran mis mayores propósitos y empezaba a creer que los lograría. Mi bebé merecía vivir en un ambiente de tranquilidad, donde yo no sufriera más, ni le causara dolor.

Me inspiré así con nuevos propósitos. Quería ser feliz y entrar en un campo espiritual más profundo, llenarme de sabiduría, volver a recuperar la confianza en mí misma, cambiar mis pensamientos negativos por positivos, sacar de mi mente las cosas y a las personas que me hacían daño, perdonar a quienes me hubiesen lastimado y reconciliarme con la vida y conmigo misma. Pero, para lograrlo, tenía que hacer un trabajo mental y como estaba decidida a hacerlo, elaboré un plan.

Como un ejercicio renovador, hice cambios en el inmueble. Creé nuevos espacios y arreglé todo lo que necesitaba reparación para mejorar la apariencia de la casa por fuera y por dentro. Me pareció una muy buena idea, pues limpiar y botar lo viejo, que ya no usaba, para que entre lo nuevo, me permitió desapegarme de las cosas materiales. Por otra parte cree un nuevo espacio físico y mental. Todo lo que se bota, usualmente, necesita reemplazo, además se dice, trae prosperidad.

En mi afán por renovar, busqué en Internet ideas sobre decoración y me encontré con las técnicas del Feng shui, arte muy antiguo que busca la armonía del ser humano con el entorno arquitectónico. Este arte busca nivelar la energía de nuestro hogar o lugar de trabajo, por medio de la ubicación estratégica de los muebles o adornos. Las formas, los materiales, los colores de los objetos y exclusivamente la limpieza, juegan un papel muy importante en este proceso. Me pareció muy interesante e inspirador, además, pensé qué sería divertido involucrar a Alejandro en las actividades y en los cambios que realizaría.

Graciosamente me di cuenta de que casi nada de lo que tenía coincidía con las técnicas del Feng shui, entonces ocupé mi mente en planear los cambios que quería y que hice. En ese momento no contaba con el suficiente dinero para realizarlos todos, pero eso no me preocupó porque ya estaba entusiasmada y enfocada en esa nueva idea y no pensaba más en los problemas de antes. Fue así como en ese momento hice los cambios que pude.

Poco a poco me sentía más fuerte y motivada para seguir adelante, sin embargo, sucedían cosas que retaban mi estabilidad emocional como los re-encuentros ocasionales con mi ex pareja, las fechas especiales en las que el bebé no compartía con su papá, las deudas, el distanciamiento que inconscientemente estaba teniendo con mi padre de crianza. Así, algunos pensamientos negativos envolvían mi mente, como mis necesidades como mujer y tantas cosas más. Sabía que una recuperación total me exigía más actividad o tal vez, mayor fortalecimiento emocional y una transformación espiritual.

Esta inquietud me llevó a una búsqueda más profunda, a aprender más sobre el poder que hay en mi mente. Aproveché esta nueva motivación para compartirla con mi nene. Decidí que tendríamos una ocupación que podría ser divertida para ambos, iríamos durante una hora, una o dos veces por semana, a la biblioteca más grande de Nueva Jersey. Por medio de esta actividad le inculcaría a mi hijo el amor por la lectura, y me permitiría a mí buscar nueva asesoría sobre el tema. Quedé maravillada con toda la información de auto ayuda y de motivación que encontré, me identifiqué totalmente con ella. Empecé a leer, a analizarme de acuerdo con lo que estos libros proponían. Todo coincidía perfectamente con lo que quería para mí, estaba encantada.

Encontré un camino fascinante y esperanzador, esa era la senda que quería escoger y que ahora se abría para mí.

Capítulo 8

Encontrando respuestas

$\mathcal{M}$ i interés por el crecimiento personal me llevó a concluir que el poder de la mente está ligado a la transformación, al mundo espiritual y que éste, no riñe con ninguna religión, ni creencia, por el contrario, respeta cada una de ellas incondicionalmente.

Asimilé fácilmente este concepto a pesar de ser poco religiosa, aunque sí muy espiritual. Mis padres pertenecen a religiones diferentes, gracias a ello, mis hermanos y yo crecimos con bases morales muy definidas, aún sin pertenecer a ningún grupo religioso. Esta diferencia entre mis padres que antes consideré contradictoria, ahora me parecía especial. Haber conocido caminos diferentes para buscar a Dios me permite ahora respetar las creencias de los otros y reconocer entonces el derecho de cada ser humano de escoger su fe y predicarla, mientras no le haga daño a nadie. Es lindo ver cómo cada uno en su grupo religioso siente su verdad y trabaja por ella.

Un día, en una de las visitas con mi hijo a la biblioteca, tomé un libro que me llamó la atención, "La ley de la atracción", de Esther y Jerry Hicks. Pensé que se trataba de la seducción entre dos personas y yo empezaba a considerar la idea de abrirle nuevamente las puertas al amor. Luego supe que no se refería a ese tipo de atracción.

Comencé a leer el prólogo:

"Por fin. Aquí están. Ya no hay que buscar más. Deje todos los libros que tenga, retírese de todos los talleres y seminarios que esté tomando, y dígale a su terapeuta que ya no lo necesita, porque aquí está todo lo que necesita saber sobre la vida, y sobre cómo hacer para que todo funcione. Aquí están todas las reglas del camino de este extraordinario sendero. Todas las herramientas para crear las experiencias que siempre ha deseado. No tiene que ir más lejos, ya está donde tiene que estar. De hecho observe lo que ha logrado hasta ahora, solamente observe. Quiero decir, ahora mismo, mire lo que tiene en sus manos. Usted lo creo. Usted puso este libro ahí, exacto en el lugar en donde se encuentra, justo al frente de sus ojos. Usted lo manifestó de la nada. Tan solo eso, es toda la evidencia que necesita para saber con certeza que este libro funciona. ¿Lo comprende? No, no evada el tema. De verdad, es importante que escuche. Le estoy diciendo que tiene en sus manos la mejor prueba de que la "Ley de Atracción" es real, es efectiva, y produce resultados físicos en el mundo real. Permítame explicarlo. En algún lugar de las profundidades de su conciencia, en algún lugar importante de su mente, usted programó la intención de recibir este mensaje, pues si no hubiese sido así, este libro jamás habría llegado a sus manos".

Cerré el libro, miré de lado a lado y pensé. "¿Quién estará ahí, leyéndome la mente?"

Aquel día llegué muy entusiasmada a casa. Había comprado varios libros de autores que considero maravillosos, incluyendo a Louise Hay, Deepak Chopra, Wayne W. Dyer, Anthony Robbins, Esther y Jerry Hicks y Rhonda Byrne. ¡Qué bendición! aprender algo totalmente nuevo me llenaba de emoción. Qué reconfortante ocupar mi mente en algo que me alejara de las preocupaciones y que, además, me ayudara a prosperar.

Aquella noche, mientras mi bebé dormía me acerqué a su cuerpo indefenso. Lo abracé, lo besé y le prometí, con todo mi amor, que haría lo necesario para que siempre estuviéramos bien, que por él me recuperaría y trabajaría con fuerzas para restablecer nuestras vidas, pues él se merecía eso y mucho más. Mi juramento comenzó a cumplirse a partir del instante que, con toda mi devoción, empecé a estudiar esta Ley del universo que tanto llamó mi atención.

Entonces me quedó claro que los niños piensan mucho antes de comenzar a hablar. No lo captamos por su dificultad para expresarse. Y además esos pensamientos, como ya lo he mencionado están influenciados por el ambiente donde se desenvuelven. Reciben la vibración de las deliberaciones de quienes los rodean y así crean sus alegrías y temores.

Quería un hijo feliz, seguro de sí mismo, un futuro triunfador, sin embargo, hasta entonces, no le estaba transmitiendo energía positiva, debido a mis preocupaciones y problemas. Eso me dejó muy inquieta, intranquila y convencida de que necesitaba seguir indagando sobre la mejor manera de hacerle llegar a Alejandro, cosas buenas.

Toda la información en mi cerebro, sería asimilada por el de mi niño. Algo similar a mi estado de embarazo, cuando debía comer saludable para que él naciera sano y fuerte.

También aprendí que el universo se rige por una ley universal que muy pocos conocemos, La Ley de la Atracción que, al igual que la Ley de Gravedad según la cual todo lo que sube tiene que bajar, es un principio fácil de comprobar por cualquier persona, así carezca de cualquier tipo de estudios o profesión. Igual funciona, queramos o no, creamos o no en ella.

La Ley de la Atracción explica que todo lo que nos llega empieza simplemente con un pensamiento, no importa que sea bueno o malo, en otras palabras, atraemos todo lo que pensamos. Más no son los pensamientos vagos los que llaman las cosas a nuestra experiencia, son aquellos que se acompañan de una fuerte emoción o convicción. Venía teniendo pensamientos negativos tales como: "Mi hijo y yo estamos solos", "Su papá no lo quiere", "Voy a perder la casa", "No sé qué hacer con tantas deudas, cada día tengo más". Fue cuando comprendí que aunque no quería una separación entre mi ex pareja y yo, ni hundirme en una mala situación financiera, mis temores me habían llevado a pensar demasiado en todo aquello tan adverso y por eso lo atraía hacia mí. Incluso, al referirme al padre de mi bebé decía: "Se me hace difícil pensar que ese hombre dulce y amoroso del cual me enamoré y al que le di el fruto de mi amor, me haya mentido para después alejarse, al parecer, sin importarle nada nuestra situación." Ahora todo tenía más sentido, por eso, entendía mejor el por qué de lo acontecido. La información era bien clara.

Quería analizar muy bien mi pasado, tal vez, desde que estaba tan pequeña como mi bebé. ¿Cómo saber cuáles eran esos pensamientos desde mi infancia? primero, analizando las experiencias y los acontecimientos que hacen parte de mi presente: mis relaciones sociales y amorosas, la clase de amigos y trabajo que tengo, mis temores, mi personalidad, mis logros y mis derrotas; segundo, escudriñando, conociendo un poco más sobre la historia de mis padres, cómo fueron tratados en su niñez, cuáles fueron sus vivencias, sus recuerdos o las circunstancias en que ellos vivían en el tiempo que nací. Algo más tenía sentido. Conocí la verdad sobre mi origen para saber que cuando era bebé mi mamá tuvo un tiempo de crisis, y que en aquel momento esa fue la información que mi subconsciente recibió.

Mis padres tenían miedos, por eso guardaron ese secreto por tantos años, creyeron que ocultarme la verdad sería lo mejor para mí. Sin embargo, debido a esto, había llamado inconscientemente la mentira, tal vez porque me indignaba tanto. Qué interesante, empezaba a entender las cosas, y ahora no quería dejar de indagar sobre mi linaje. Salieron a flote mis debilidades, pero sorpresivamente ya no me dolían, quizás porque mi intención no era juzgar, sino discernir e interpretar lo que había en mi subconsciente y lo que necesitaba cambiar en él. Tenía que entender muy bien mi presente para no repetir en mi vida ni en el de mi hijo aquello que no quería.

Además, el interrogante también era sobre el pasado de mi padre biológico. Me inquietaba saber lo que él pudo sentir y vivir al separarnos y cómo fue nuestra relación, cuando nací. También reflexioné sobre el origen del padre de Alejandro: cómo fue tratado, cómo vivió su niñez, cómo fue la relación con sus padres. Había mucho por descubrir y aunque no tenía las respuestas para todas mis preguntas, asimilar este razonamiento, transformó mi enojo y mis reproches en aceptación y en humildad, ya no me sentía agredida.

Con mis nuevas enseñanzas, empecé a modificar mis pensamientos por medio de la escritura de frases o, mejor, de Declaraciones positivas: "Me siento bien conmigo misma", "Soy próspera", "Alejandro y yo merecemos lo mejor", "Soy feliz", y otras expresiones más. Pegué estas afirmaciones en la cocina, en mi cuarto, en mi escritorio, en mis cuadernos, en general en aquellas partes visibles que usualmente recorría. Al principio me causaba risa porque no estaba muy convencida de que funcionara, incluso me parecía un poco infantil, pero igualmente lo hice.

Más tarde comprendí que la palabra y la escritura son muy importantes en el cambio del pensamiento ya que tienen mucho poder sobre nosotros. Por eso cada vez que leemos algo que hemos escrito anteriormente, nos vuelven las emociones del momento de la redacción. Me gustaba muchísimo escribir cuando me sentía triste porque pensaba que era la mejor manera de sacar los sentimientos negativos de mi corazón. Tal vez esto funciona si luego de desahogarse en el papel éste se tira a la basura, pero yo, solía conservarlos.

Busqué mis viejos escritos y al leerlos reafirmé el poder de esta enseñanza. Lloré al recordar lo sola o abatida que me sentía en determinados momentos. Redactar cosas positivas me haría sentir optimista y feliz cada vez que las volviera a repasar. Tiré entonces mis viejas notas a la basura y busqué un nuevo cuaderno. Recordé aquella libreta que tanto me gustaba, con los colores vivos de la bandera de mi país, guardada hace mucho tiempo, esperando el día de ser usada. La llamé "Mi libro de los aspectos positivos" La primera gran página la dediqué a mi bebé. Allí registré todo lo que sentía por él, sabía que esas palabras serían siempre un aliento de vida. Después describí lo más lindo de mi país, la ciudad en donde crecí, la música que más me gusta, mis mejores amigos y mi familia. Además detallé lo que más disfruto de mi trabajo, cuáles son mis libros preferidos, y todo aquello que tanto aprecio. Todavía lo lleno, me encanta. Lo he leído varias veces y de verdad, me reconforta.

Recurrí a otra agenda especial "Mi libro de los deseos", y anoté en ella aquello que quería atraer para mí. Con ella me sucedió una anécdota peculiar. Cuando la vi me llamó la atención un cuadro en la mitad de la portada, pensé que allí pondría una foto. No hubo foto, pues estuvo guardada en la oscuridad de un cajón durante siete años y hasta se mudó conmigo dos veces sin ser recordada. Un día la tomé y al comenzar a escribir noté que en una de sus páginas, estaba escrita la palabra "Oracle" (Oráculo). Me llamó la atención ese término, pues hasta entonces me era desconocido. Miré las demás hojas y se repetía. No lo había percibido antes, pues la letra era muy transparente. Busqué en la Internet el significado, para asegurarme de que nada negativo se escondía en el cuaderno. Decía, Oráculo: "Significa palabra. En el sentido popular, es una comunicación divina, en un lugar específico y por medio de personas escogidas. También se le dice Oráculo a las comunicaciones de Dios con su pueblo. Los babilonios y asirios tenían ciertos sacerdotes que se comunicaban con dioses, y recibían mensajes sobre el futuro con métodos como interpretación de los sueños, las estrellas y otras tácticas. Los hebreos dejaron de practicar el oráculo cuando llegaron los profetas, ya que Dios se manifestaba por medio de ellos"

La acepción de Oráculo tenía muchísimo que ver con el propósito de "Mi libro de los deseos", el cual es una comunicación mía con Dios y con el Universo. ¿Qué significaba todo esto, sería una simple casualidad?

Capítulo 9

Alejandro y su mamí (Ambos con 9 meses)

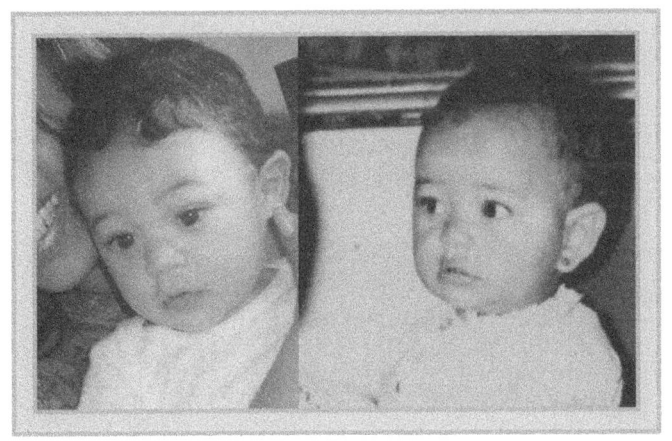

El delicioso arte
de la visualización

Las casualidades o, más bien, los resultados del trabajo interior que venía desarrollando se hicieron más frecuentes. Pequeños milagros empezaron a ocurrir, cosas simples que hacían más fácil mi diario vivir. Siempre había considerado que mis triunfos y progresos se debían a mi buena suerte o a la casualidad, por eso se me hacía difícil pensar que estuviera atrayendo las cosas buenas que ahora me sucedían. Aún estaba incrédula. Parecía que los logros que tocaban a mi puerta, eran demasiado buenos para ser verdad. Entonces, decidí realizar pequeñas pruebas para comprobar si era cierto que tenía la capacidad de atraer conscientemente los cambios positivos.

Un día cualquiera realicé un ejercicio en el cual me repetí que recibiría prosperidad económica para poder superar, poco a poco, esa avalancha financiera que me perseguía de tiempo atrás. Todos los días me decía: "El dinero para recuperar mi casa me llega; ese dinero me llega", así empecé a convencerme de que sí vendría, al punto que mis preocupaciones por las deudas disminuyeron. Los gastos estaban ahí pero decidí no concentrarme, ni atormentarme más por ellos, más bien, me relajé y organicé un plan de pago. Cogí un tercer cuaderno y lo dividí en dos partes, al lado izquierdo escribí mis ingresos y al derecho, mis gastos. Los compromisos con los intereses más altos iban de primero en esa lista, y a ésos les envié cuotas extras cada mes, mientras que los pagos con intereses más bajos quedaron al final y se mantendrían en su pago mínimo. A medida que las obligaciones más altas bajaban, la carga se me hacía más fácil de llevar y mi alineación con el dinero aumentaba, dejándome cada vez más cerca de la salida a mi difícil situación financiera. Era un alivio pensar que recuperaría mi casa y mi carro y que saldaría todas las deudas de mis tarjetas de crédito.

Después de dos semanas de estar mentalizándome de que todo saldría bien, me llegó una carta del Estado de NJ, en ella decía que dos cheques a mi nombre estaban en sus oficinas. Quería saber de dónde provenía ese dinero, ya que aunque lo llamaba con mi mente, sentía que esa manifestación era demasiado pronta. Me comuniqué con ellos tan pronto como me fue posible. Efectivamente los tenían. La única información que me dieron era que ese dinero procedía de la sede principal de una tienda por departamento, y que si quería una aclaración tenía que comunicarme directamente con ellos. "Qué extraño", pensé, porque ese lugar que ellos mencionaron era el trabajo al que yo había renunciado después que mi bebé nació. Sin embargo, habían pasado dos años y no recordaba que me debieran ningún efectivo. Llamé a la sede principal de la tienda y me dijeron que no tenían una explicación exacta del por qué ese dinero era para mí, pero que al parecer correspondía a algunos sueldos que tal vez nunca reclamé.

Cuando yo trabajé en ese negocio recibía un pago semanalmente, sin embargo, se me hacía imposible que yo hubiera trabajado todo un mes sin recibir mi sueldo semanal y, menos aún, que no lo recordara. Al final, recibí el dinero pero nunca supe por qué me pertenecía.

Durante ese mismo año, estaba esperando un cheque de la declaración de impuestos, el cual se recibe cada año como reembolso en los EEUU y descubrí que éste me había sido retenido sin yo conocer la causa. Telefoneé muchas veces al Departamento de Rentas Internas para aclarar este incidente y después de enviarles por más de diez meses varios formularios y copias de documentos que ellos me exigían, recibí una carta en la que me decían que no cualificaba para esa devolución. Traté de corroborar que esa información era cierta, efectivamente, ellos me lo confirmaron.

Mi energía vibratoria con el dinero seguía muy alta, así que no me angustié por ese incidente. Dos días después de recibir la negativa, me llegó sorpresivamente un cheque de esa entidad por el valor que estaba esperando, entonces volví a ponerme en contacto con ellos porque no quería depositar ese cheque sin asegurarme de que era para mí. La operadora me dijo que aunque en el sistema apareciera como negado ese reembolso, si lo habían mandado a mi nombre, me pertenecía. También me aseguró que corregiría la información en el sistema. Le solicité que me enviara una carta verificando la aprobación del cheque y así lo hizo. Aún conservo las cartas de negación y de aprobación que me mandaron. No podía creer que me estuviera pasando algo así.

A medida que mis pensamientos evolucionaban, mi situación también cambiaba de rumbo y a mi favor. La ley de la atracción, las afirmaciones positivas y la visualización pueden sonar como algo irreal o ilusorio. Hay quienes piensan que se necesita ser muy ingenuo o inocente para creer en algo así o que estos preceptos no son más que "cosas de mujeres", sin embargo, son leyes que aunque hasta hace poco eran desconocidas y cuestionables para mí, ahora son evidentes.

Estaba acostumbrada a pensar que la vida es dura, que tenía que sacrificarme para lograr las cosas que necesitaba o quería. Siempre escuché justificaciones para las calamidades, pensaba que son normales o comunes, pero a los eventos positivos les oía llamar "buena suerte." He visto gente asustarse cuando los buenos momentos les llegan, porque están seguros de que tarde o temprano terminarán pagando por ellos y, además, bastante caro. No pensaba en las bendiciones como recompensas, o resultados de los deseos positivos que tenía en mi mente y en mi corazón, como tampoco aceptaba que las experiencias negativas fueran atraídas inconscientemente por mí y por mis dudas, mis celos, mis iras, mis frustraciones, mis miedos o cualquier otro sentimiento que identificaba como negativo.

Cuando escuchaba que podemos tenerlo todo, inmediatamente lo asociaba con lo material; que las cosas solo les llegaban a quienes poseían más o quienes fuesen más atractivos que otros. Erróneamente suponía que si fuera verdad que atraemos lo que pensamos, entonces todos seríamos millonarios o perfectos. Porque ¿Quién no quiere serlo? No me daba cuenta que las prioridades y deseos de cada persona son diferentes, por esa razón lo que es mi mayor deseo no necesariamente lo es para otro, la buena o mala energía o la fe son también distintas en cada individuo. Así pues, no puedo medir la veracidad del poder de mi mente comparando el éxito que alcanzo o mi crecimiento espiritual con el de los demás.

Atraemos más fácil lo que *no* queremos o de lo que carecemos, cuando estamos demasiado enfocados en ello. Me imponía pensamientos que me presionaban y llenaban mi interior de miedo, incertidumbre o inseguridad de modo que las cosas que ambicionaba se me hacían inalcanzables o sentía que no las merecía. Era ahí cuando me desanimaba porque pensaba que al no obtener los resultados aspirados estaba perdiendo mi tiempo teniendo fe en algo que no era verdad, que simplemente suena muy bien, pero que no dejaba de ser una teoría. Por eso difícilmente lograba mi objetivo. Hay quienes buscan un amor porque se sienten solos o porque no tienen un hogar para sus hijos, entonces llaman así a la soledad o a las malas relaciones; se quejan sobre el dinero porque su situación económica es muy difícil, entonces se topan con un déficit financiero, y así sucesivamente.

Cuando se está sincronizado con el Universo, éste nos resguarda y para ello nos impone sus leyes irrevocables, las cuales nos incitan a vivir en paz, a tener un buen vivir y a respetar a los demás y a nosotros mismos. Por tanto, no se debe ir contra ellas permitiendo que el ego nos rete a querer ser o tener más de lo que otros tienen, ni tampoco a minimizarnos o a jugar el papel de víctimas ante los demás, pues esas son reglas que no concuerdan con la espiritualidad. Era así como a veces lo deseado no llegaba en el que creía era el tiempo correcto y, usualmente, me enfadaba y le reprochaba a la vida por no darme lo anhelado cuando lo quería, o cuando pensaba que lo necesitaba, por quitarme algo que ya poseía o a ese alguien con quien compartía mis ideales. Sólo después de experimentar las más dolorosas situaciones comprendí que haber pasado por ellas era un proceso de aprendizaje y además un regalo. Ahora me alegro de no haber obtenido cosas que con tanto fervor anhelé en determinadas épocas, porque hay momentos en los que hasta me causa risa el pensar que pude haber soñado esto o aquello con tanta fuerza.

Los seres humanos en general somos insaciables, un alto porcentaje se aburren fácilmente con lo que tienen. Una gran mayoría de veces no se aprecian las pertenencias y habitualmente se vive en la competencia de quién es el mejor. Por eso, hay quienes se desvían de la esencia de lo espiritual. Quizás se presenten circunstancias o personas desagradables para que cuando llegue lo que verdaderamente se merece, lo sepamos valorar. Ésta es la manera de aprender y de madurar. Los problemas tal vez nunca cambien, lo que tiene que cambiar es la percepción y la actitud que se tiene frente a ellos. La madurez (evolución) espiritual, hace que esta lección sea mucho más fácil de asimilar.

¿Cómo pedir entonces, cómo crear las cosas que quiero para mi bebé y para mí? Primero, preparándome para conocer cómo funcionan mi mente y mis sentimientos, segundo, cambiando mi programación mental. Aunque entendía perfectamente estos dos aspectos, aún me costaba mucho concentrarme o enfocarme conscientemente en lo que quería atraer. Mi mente era como un galopar de caballos; desaforada y veloz, mis pensamientos eran repetitivos, debido a eso, atraía a mi mente ráfagas de episodios pasados una y otra vez. Por eso las experiencias vividas en el ayer seguían latentes en mi vida, repitiéndose de diferentes maneras. Esto dificultaba la superación de mis problemas, y aunque lo entendía, me era muy difícil cambiarlo.

Sentía que mi computadora mental estaba mal programada y llena de virus, contraídos por mis experiencias pasadas, por lo que observaba en las experiencias de mis amigas, en la información de los noticieros, en los comentarios e historias de la gente, en mis conflictos con el padre de Alejandro y en otras cosas más. "El mundo va de mal en peor", siempre he escuchado decir, hasta las canciones más populares se encargan de llenar el subconsciente de la gente con notas que dicen: "En la vida, por un minuto de placer, hay 20 años de dolor" y que "Por cada risa, hay diez lágrimas". Por eso creía que si algo era muy bueno para mí, debía de tener cuidado y a veces hasta alejarme de ello, pensaba que es necesario ser realistas y entender que la vida es dura, que muchas veces se debe dejar de soñar y esforzarme arduamente para merecer las cosas y, que ni aún así, estaría segura de que serían para mí porque este mundo está rodeado de injusticias. Estaba convencida de que la popular frase "Demasiado bueno para ser verdad", era una realidad y que entonces debía ser cautelosa cuando algo estupendo me rodeaba o se me prometía.

Ahora sé que la realidad como tal no existe. Lo que existe es el concepto que se tiene de ella. Se cree que "Realidad" o "Verdad" son usualmente lo que vemos que acontece en el mundo, o lo que le sucede a la mayoría de las personas. Pero tu realidad es diferente a la mía. Mientras unos ríen, otros lloran, cuando unos tienen abundancia, otros viven en la pobreza absoluta. Podríamos entonces cuestionarnos si la realidad de las personas que viven estas circunstancias es la tristeza, la alegría, la afluencia o la escasez.

Esta idea me desligó de ciertos miedos con respecto al futuro. Muchísimas madres solteras vivimos un patrón en común, la necesidad de compañía, ayuda económica y estabilidad. Pensar que eso era una realidad me asustaba, especialmente, porque yo estaba formando parte de ella. No quería pensar más así, quería cambiar y construir mi propia experiencia, porque me encanta pensar que las cosas que quiero se me dan, y no como simples coincidencias.

No se me hacía fácil cambiar los pensamientos que había tenido año tras año y los recuerdos de los eventos dolorosos, y aceptar que estaba errada o que necesitaba ayuda, tampoco lo fue. Necesitaba humildad y una voluntad inmensa para cambiar mis vivencias. En mi caso personal tengo el deseo enorme de preparar a mi hijo para que sea fuerte mentalmente, y así pueda obtener, cuando sea adulto, lo que quiera en su vida. Ésa es mi mayor motivación para seguir aprendiendo, y para reprogramar mi mente.

Entre los libros y conferencias que he leído y escuchado durante esta búsqueda espiritual, me encontré con diversos talleres que ayudan al cambio de los pensamientos y creencias. Hay una variedad de ellos que se acomodan a los gustos y necesidades de cada persona. Siento que todos esos ejercicios concuerdan o empiezan con la práctica de la **visualización creativa** y fue una delicia para mí practicarla, es algo así como soñar despiertos. Pero no esos sueños tontos que nos hacen perder la concentración en una reunión importante o mientras operamos una máquina en nuestro trabajo. No se trata de estar distraídos, sino de planear lo que pensaremos, es recrear en nuestra mente esa situación que queremos vivir; imaginar esa persona que queremos a nuestro lado, la casa a la que deseamos mudarnos, el trabajo y la posición que anhelamos tener, el lugar en donde soñamos estar, o cualquier otro deseo que tengamos. Consiste en crear nuestra propia película mental, con un final feliz, por supuesto. Lo más importante es entrar en los detalles del episodio que imaginamos, saborear los besos que nos dan, ver el dinero y poderlo gastar, sentir el aire fresco del lugar donde nos encontremos o deleitarnos con los exquisitos platos que comemos. Se tiene que sentir todo lo que se atrae a la mente como si estuviera pasando de verdad. Se trata de fantasear, de inventar, de creer y de esperar. Toda la experiencia tiene que ser deliciosa. Si por algún motivo se llega a sentir tristeza o ganas de llorar, se debe parar en ese instante y decir "No, esto no es en lo que quiero pensar" y cambiar deliberadamente ese pensamiento por otro más amoroso, más amable, más apacible. Es imposible pensar en algo bueno y sentirse mal o viceversa, es totalmente **imposible**. La idea es poder sentirse tan feliz, tranquilo, enamorado, deseado, bello, millonario, famoso o tan importante como se anhele ser.

Aproveche el silencio de la noche, mientras todos duermen y, aunque no pueda salir de casa, dedíquese un tiempo, prenda una vela de olor y ponga música suave de meditación, acuéstese relajada (o) o siéntese en su sillón favorito y antes de irse a dormir salga de su realidad, haga el amor con la persona que ama; dese gusto con ella (él), vista su mejor prenda y vuele a ese sitio a donde siempre ha querido estar. Verá que aunque se esté consciente de que se está soñando despierto, la aventura será inolvidable. Digo esto literalmente porque se recuerdan esos sueños como si se hubiesen vivido de verdad, aliviando así cualquier sentimiento que le sea angustiante. A través de esta práctica, eventualmente, podrá atestiguar la materialización de ese sueño. ¿Cómo saber si funciona? Pruébelo.

Otra manera de cambiar nuestro ánimo o de calmar nuestro enojo es aferrándonos a la fuerza vital que tiene el aprecio. No se trata simplemente de agradecer, porque cuando lo hacemos es usualmente por un favor o una vivencia en particular. Alguien hace algo por nosotros y lo agradecemos, obtenemos buenos resultados de algún trabajo realizado y nos sentimos agradecidos. Tampoco se trata solamente de valorar, agregándole un "valor" a algo, porque se valora algo que se tiene o algo que se ha perdido. El aprecio es más bien agradecer, valorar y asombrarse de lo bello que nos ofrece la vida y las personas. Todo al mismo tiempo. Apreciar es disfrutar lo bueno de nuestra familia, nuestro trabajo, nuestra salud, las cosas grandes o pequeñas que nos rodean, la nueva tecnología; es irnos a una playa y quedarnos mirando hacia el mar fijamente, reflexionar en lo infinito que es, observar cómo las olas se desvanecen a nuestros pies, disfrutar del sol y de un atardecer; es coger un puñado de arena en las manos y maravillarnos al pensar que nunca podríamos contar los millones de granos que hay, es analizar un día de lluvia, ver los innumerables colores a través del agua, alegrarse de los jardines que se benefician de ésta; es cerrar los ojos y pensar en la carita de un cachorro bien cerca a la nuestra y sentir deseos de darle un beso fuerte en su pelona y sonreír.

Apreciar es adorar la creación y el mundo tan perfecto en que vivimos. Reflexionar no sólo acerca de lo admirable de la naturaleza, también de la tecnología, de lo que el cerebro humano ha sido capaz de lograr hasta hoy, como la invención de las computadoras, los aviones, los celulares, el cine, los grandes rasca-cielos, la Internet, y tantos otros adelantos tecnológicos. Vivimos una era donde podemos vernos y comunicarnos con una o con varias personas a la vez, aunque éstas se encuentren a kilómetros de nosotros, cruzando así las barreras de la distancia y del tiempo. Cada día presenciamos más desarrollo vanguardista que nos asombra y que estimula nuestra mente, nuestra creatividad y nuestra capacidad.

Apreciar es agradecer por los beneficios que obtenemos de los maravillosos avances de la ciencia, como los trasplantes de órganos, las prótesis, las innumerables cirugías que logran cambiar la vida y la apariencia física de las personas. No ignoremos por tanto, el ingenio divino y humano, dando por sentado las cosas asombrosas que se abren ante nuestros ojos, en este espacio de tiempo en que vivimos.

Empecé a analizar la energía del aprecio y me sentí todavía más orgullosa de ser mamá. Ver a mi niño crecer tan rápido sin darme casi cuenta, después de haberlo tenido nueve meses en mi vientre, alimentándose de lo que yo comía, respirando del aire que yo aspiraba, es simplemente fascinante. Alejandro me ha maravillado de las creaciones que hay en el mundo. Cuando pienso en esto, con detalles, se me eriza la piel y me lleno de emoción y de gratitud con Dios; creo que ése es exactamente el poder que tiene el apreciar las cosas. ¿Cómo podía estar tan triste, si soy madre?

Todo aquello que tanto aprecio es lo que usualmente registro en mi Libro de los aspectos positivos.

Capítulo 10

Abrirse paso a través de la resistencia

Hay que ver el vaso medio lleno y no medio vacío. No se trata de engañarse a sí mismo, simplemente hay que ser atrevidamente positivos. Esta nueva percepción me hizo tan feliz como hacía mucho tiempo no lo estaba, era como florecer en primavera después de un largo y frío invierno. Sin embargo, muchos acontecimientos no habían cambiado todavía, tampoco mi ánimo de indagar sobre el tema de la espiritualidad.

Cuando llegué a comprenderla me di cuenta de que lo tenemos todo sin importar quién posee más, las comparaciones dejaron de existir, también la lástima por los demás porque supe que cualquier persona puede salir del pozo más hondo si se empeña en hacerlo. Esto suele mal interpretarse porque la mayoría de personas están acostumbradas a pensar que sentir lástima y ser bondadosos es lo mismo, más no lo es. Se puede ayudar a quien está pasando por una situación dolorosa, con la convicción de que él o ella saldrán de su apuro sin necesidad de ofrecer con nuestra ayuda las bien intencionales, pero desafortunadas frases; "Pobrecita" o "Mala suerte tiene la pobre". Al madurar espiritualmente se logra tener un nivel de conciencia más elevado. Lo que se tiene o lo que llega, representa un valioso tesoro que antes se ignoraba o se daba por sentado.

Se llaman los deseos por medio del pensamiento. Pero además de atraerlos queremos hacerlos realidad, y para lograrlo necesitamos dar dos pasos. El primero es estar en concordancia con nuestro intelecto, es decir, pensar en algo y sentirnos bien con ello. Si tenemos un deseo y nos sentimos incómodos o inseguros con él o con sus resultados, estamos en desacuerdo vibratorio con Dios y/o con el universo, y el deseo no se cumple. En otras palabras, **nuestros sentimientos son la clave para saber si estamos o no alineados con el cosmos.** El segundo paso es abrirnos camino a través de la resistencia: dejar de resistirnos, de aferrarnos al pasado, de defender indiscriminadamente un punto de vista, aceptar las cosas tal y como son y como no son también y aceptar que aquello que se atrae por medio de los pensamientos predominantes se hace realidad. El estado de resistencia es aquel que logra actitudes negligentes y arrogantes, muchas veces sin consciencia, pero que pueden causar dolor. También fomenta la inseguridad, el temor, la ira o de cualquier sentimiento negativo que nos envuelva a la hora de concentrarnos en lo que queremos atraer. Esto se puede observar, por ejemplo, cuando anhelaba recobrar la casa, pero mi preocupación por la falta de dinero impedía que me sintiera convencida de que conseguiría salvarla. Entonces, cada vez que pensaba que la iba a recuperar, en el fondo de mi corazón me preguntaba cómo lograrlo. Anhelaba tener al padre de mi hijo junto a nosotros, pero tan pronto él se acercaba la rabia y los celos me asaltaban, pensaba que él no merecía nuestro amor o que no nos amaba y que nunca estaría a nuestro lado. De esta forma, las cosas y las personas que más quería tener, se alejaban de mí.

Me di cuenta de que existe una excelente manera de asegurarme que estoy siendo positiva a la hora de pensar en lo que deseo atraer. Cuestionando; "Qué" y "Por qué" anhelo ciertas cosas, personas o situaciones. La respuesta a estas dos preguntas me permite analizar qué tan valioso o necesario es aquello que me he empeñado en lograr y si vale la pena concentrarme en alcanzarlo. Al mismo tiempo se debe eliminar el "Cómo" voy a conseguirlo, ya que esta incógnita siempre logra empujarnos a dar un paso atrás porque casi nunca se tiene la respuesta concreta y eso probablemente nos hace sentir impotentes o en desventaja. En conclusión;

la tarea es pensar "En lo que quiero" y "En el por qué lo deseo". El Universo se encarga de los "Cómos".

Podría entonces decir que el concepto que maneja la Ley de la atracción es un sinónimo de lo que conozco comúnmente como la fe, De acuerdo con la Biblia, Hebreos 11, 1 dice que "La fe es la expectativa segura de las cosas que se esperan, la demostración evidente de realidades aunque no se contemplen", tener una fe con conciencia significa entonces saber que tenemos un entendimiento de lo que pedimos, un aprecio sincero por lo que deseamos y una espera tranquila que nos llena de paz mientras nuestros sueños se hacen realidad. En otras palabras, si tengo fe, pido con toda la fuerza de mi corazón y espero recibir un milagro y si deseo atraer algo, pienso conscientemente en ello, me aseguro de estar en concordancia vibratoria con Dios y suelto toda resistencia, de este modo mi deseo se materializa. Me di cuenta que tengo todo a mi disposición mientras lo sepa pedir y eso para mí, especialmente en esos momentos, incluía también solicitar abundancia económica.

No hay que temer por la ambición de lo material. El dinero no es malo, al contrario nos da comodidad, nos deja disfrutar de muchos placeres o nos da la oportunidad de conocer lugares maravillosos. El problema no es tenerlo, sino cómo lo conseguimos y en lo que nos convertimos en cuanto nos llega. No debemos dañar a nadie para atraerlo, tampoco cuando lo tenemos. No hay por qué pensar que se es frívolo al querer tener más mientras otro no obtiene lo suficiente, porque de la misma manera que nuestra enfermedad no le da más salud a otro, así mismo, nuestro dinero no le quita la riqueza a nadie, ya que en este mundo hay suficiente para todos.

Hace poco, mientras pensaba en el tema de la resistencia analicé cómo funciona en un episodio con mi pequeño hijo. Él quería un juego que se promocionaba en una publicidad, al ver su interés quise comprárselo pero antes de salir de casa, empezó a llorar por él. Traté de explicarle que tenía que esperar hasta que llegáramos a la tienda para poder obtenerlo, pero no quería saber de mis explicaciones. Su falta de paciencia y de confianza en que se lo daría, no sólo lo hizo llorar sino patalear, él quería su juguete ya! Mientras más intentaba calmarlo para que entrara en razón, más lloraba. No quería ceder a sus exigencias, y le dije que no se lo compraría si no se tranquilizaba, pero no se daba por vencido. La rebeldía le duró unos 20 minutos aproximadamente, hasta que por fin comprendió que no obtendría nada de mí hasta que se calmara y supiera esperar pacientemente. Lo que para mí era poco tiempo, para él, aparentemente, era una eternidad. Apenas se calmó lo abracé, le dije que íbamos por su juego y que, además, nos comeríamos un helado. La sola palabra helado lo emocionó y le cambió el ánimo, pues era más de lo que esperaba. Mientras miraba a mi hijo disfrutar de su paleta favorita con su regalo en la mano y con los ojos todavía hinchados de tanto llorar, pensé que así funciona la vida para todos.

Cuando deseamos algo lo atraemos, pero si caemos en el estado de resistencia, con impaciencia y falta de fe, lo deseado no llega. Es como si Dios o el Universo jugaran ese papel de mamá y nos dijera; "Hasta que no te calmes, aprecies lo que tienes y tengas paciencia, no lograrás nada, pero, si por el contrario, sabes esperar sin mortificarte y valoras lo que tienes, obtendrás más de lo que esperas.

Encontré en un libro, de los tantos que tengo sobre el tema de la transformación, una ilustración que me pareció divina: Nacemos en un estado de suprema libertad, inocencia y amor que compararé con un corcho que flota sobre el agua, suave y libre. Si alguien hunde el corcho hacia el fondo, éste se queda sumergido porque está en estado de resistencia. Eso pasa con los que se sienten tristes, preocupados, celosos, deprimidos; con los que tienen actitudes hostiles o violentas frente a los demás y con quienes no escuchan las razones de otros; con quienes se empeñan siempre en tener la razón o en buscar culpables de sus malas experiencias o actos. ¿Qué sucede tan pronto como se saca la mano del agua y se suelta el corcho? éste vuelve a flotar de inmediato espontánea y dócilmente, porque ése es su estado original. Eso mismo nos sucede al alejarnos de lo negativo, al perdonar o al **no presionar a la vida para obtener resultados.** *¿Comprendes? volvemos a nuestro estado natural de paz.*

Observé en mi hijo recién nacido el estado en que vino al mundo. Ese estado de inocencia en el que todos venimos; dulce, pasivo, sin temores, sin preocupaciones, sin pensar en el qué dirán, sin dudas, sin sospechas, sin complicaciones. Me di cuenta que es entre los adultos que se da una desconexión, y que algunos son expertos en traspasarla a los pequeños influyendo en ellos de manera negativa con algunas enseñanzas o advertencias, por ejemplo cuando los alarman ante el desafío de una nueva práctica física o de un nuevo reto, aun antes de que ellos lo intenten, o si les generan el temor de interactuar con personas desconocidas o les inculcan desconfianza para participar en una competencia o para interactuar con los demás, ellos se alertan y actúan de acuerdo a esas orientaciones y se muestran temerosos cuando deberían sentirse triunfadores, o se abstienen de participar en actividades desconocidas que les permitirían desarrollarse. Los resultados de dichos comportamientos suelen empeorar durante las etapas de la adolescencia y la madurez. Por eso es vital cultivar en nuestros hijos una actitud alegre y optimista desde la infancia, incitándoles a pensar de manera positiva. No se trata de controlar sus mentes, eso sería ponerlos en estado de resistencia, se trata de guiarlos para que sean creativos y libres. Las madres somos responsables de enseñarles este camino pero no podemos obligarlos a tomarlo, ni vivir o sentir por ellos, nadie lo puede hacer. Ellos tienen sus propias reflexiones, sentimientos y resistencias. Es imprescindible escucharlos para saber qué sienten, y poder guiarlos para que no pierdan ese estado de creatividad, libertad y paz con el que nacieron, se me hizo sencillo de entender.

Asimismo, con la misma calidad de pensamientos al momento de educar a los hijos, se atrae todo lo demás, por ejemplo, la buena salud, el dinero, el amor, la posición social y, muy especialmente, las buenas relaciones con nuestros niños. Sentirse optimista y satisfecho es una condición que trae bienestar y tranquilidad y al parecer suele contagiar a quienes nos rodean.

Un día, por ejemplo, en una conversación con mi amigo James, lo noté un poco deprimido debido a unos problemas personales por los cuales él estaba atravesando. Además, se sentía desanimado por un sobre peso que lo incomodaba bastante. Para animarlo un poco quise compartirle el conocimiento que he adquirido sobre cómo podemos transformar nuestras vidas si cambiamos el modo de pensar. Intercambiamos ideas y opiniones sobre el tema y después de leer juntos algunos capítulos de este libro, su estado de ánimo cambió. Al día siguiente me llamó muy entusiasmado y agradecido por la conversación que tuvimos y con una actitud muy positiva y decisiva en cuanto a los cambios que quería hacer. Acordamos que trabajaría lo que más le costara, a medida que se sintiera más seguro de la evolución que había decidido realizar. Su resolución fue bajar de peso. Como todos sabemos, éste es un propósito que muchas personas se trazan como meta al principio de cada año y que pocas cumplen. Sabía que mi amigo acababa de emprender una tarea difícil de efectuar. Él, aún hoy, se cataloga como mal lector, por eso le regalé audio libros que lo ayudarían a comprender cómo prepararse para cambiar su mente subconsciente. Su primera inspiración fue "101 formas de transformar tu vida" de Wayne W. Dyer. Él escuchó ese audio infinidad de veces hasta convencerse de lograr ese cambio que lo inspiró. Su optimismo y confianza en el poder que descubrió en su mente, han sido cómplices de la disciplina que lo llevó a bajar 60 libras en los últimos ocho meses. Insiste en que he sido una motivación para él y yo me siento orgullosa y feliz por él. Además mi amigo me ha alentado a seguir compartiendo este mensaje con las personas que quiero, ya que su voluntad ha sido una prueba más de que la superación de nuestros problemas no es más que un cambio de actitud.

Mi mentalidad cambió con cada nueva experiencia, y con ella mi estado de ánimo y mi manera de ver el mundo. Ahora entiendo cómo debo pedir, sólo necesito apaciguar mi mente para enfocarme en lo que realmente quiero y no en su falta. Por muchos años había albergado en mi conciencia paradigmas y creencias, ahora debía cambiarlas. Se tomó tiempo, pero afrontar y realizar esa tarea me resultó divertido y muy interesante. La manera más fácil y eficiente para mi cambio de actitud y de mentalidad ha sido la visualización y escribir y leer declaraciones positivas: "El dinero llega a mí", "Este problema está resuelto", "Atraigo el amor verdadero", "Ese trabajo es mío", "Soy próspera, sana y feliz".

Lo más importante para la realización de mis sueños ha sido sentir que eso que intento atraer me es creíble. Tanto que pueda convencerme de que se va a realizar. Que ningún comentario ajeno, burla o crítica me haga dudar que lo esperado siempre llega. Por eso, me parece sabio comentar mis anhelos solo con personas que me apoyan y con las que tengo una buena conexión, de esa forma no doy cabida a que las opiniones ajenas que no sean positivas influyan en mi propósito.

Si a veces quiero o necesito compartir con alguien mis inquietudes o metas me aseguro de escoger un confidente con muy buena energía, respetuoso de mis deseos, prudente y sobre todo, muy positivo.

Capítulo 11

Alejandro sostenido por su tío Beto en Sandy Hook, NJ

Deseos hechos realidad

$\mathcal{P}$oco a poco desempuñé mi mano para soltar el corcho que venía hundiendo durante tanto tiempo con rabias y reproches, perdoné a quienes alguna vez me hirieron. También, me perdoné a mí misma por los errores que cometí o por cualquier daño causado a alguna persona; ya no quise juzgar más, incluyendo al papá de mi hijo, a mi progenitor, a mis padres, o a quienes solía criticar.

No había más secretos todos salieron a flote. Más que tormento, sentí alivio. No quería tener nada pendiente con la vida. Para lograrlo, empecé a completar, a cerrar círculos quedando en paz con todas las personas con las que tuviera algún pendiente; mal entendidos no aclarados, deudas no pagas, comentarios, críticas, acusaciones, actitudes sarcásticas, todo eso quedo atrás. Solo me quedaba una inquietud, necesitaba saber si mi padre biológico existía, si tenía una familia, si alguna vez me buscó, si nos parecíamos en el aspecto físico o en la personalidad. ¿Quién sería ese hombre que me dio el ser? ¿Dónde encontrarlo?

Partía con la voluntad de querer ubicarlo pero contaba con muy pocas posibilidades o herramientas para lograrlo pues era una *persona de quien no tenía muchas referencias: ni su figura, ni su domicilio, no había familiares suyos para contactar, ni alguien que me pudiera dar una señal. Sólo tenía su nombre y su apellido, y la ciudad donde supuestamente vivió por muchos años. Sin embargo, no me desanimé, había una pieza escondida sobre mi origen que quería conocer y pertenecía a ese hombre.*

No quise involucrar a mi familia en este re-encuentro porque no quería sentir presión y que eso me llevara a abandonar mis intenciones. Busqué entonces, a mi inseparable amiga Aismet para que me ayudara en esta nueva aventura. Ella con la colaboración de una amiga suya, consiguió un listado de posibles teléfonos de la ciudad donde aquel hombre podía vivir. Para mi sorpresa, eran pocos números, contrario a los miles que yo esperaba encontrar. Su apellido no parecía ser muy común. Marqué cada número sin suerte alguna.

Tuve una vez más la oportunidad de probar mi fe y mis conocimientos sobre la manera de atraer lo que deseo. Tenía a mi disposición la Ley de la atracción. ¿Podría el poder de mi mente unirme a esa persona? Tenía una manera de comprobarlo.

Después de varios días de pensar acerca de lo que haría, decidí buscar de nuevo "Mi libro de los deseos" y, apoyándome en mis afirmaciones positivas, escribí y decreté con nombre y apellido propios lo siguiente: "Deseo conocer a mi procreador y poder hablar con él."

De allí en adelante sólo quise estar tranquila; sentirme en paz con todo el mundo y con Dios; no deberle dinero a nadie; eliminar mis críticas y ser más flexible al aceptar los conceptos e ideas de otros. No quería ser radical, ni vivir como la más fuerte, tampoco como la víctima. Simplemente quería ser quien soy sin aparentar ni ocultar nada.

Todas las vivencias desde el nacimiento de Alejandro me llevaron a experimentar una nueva fase: **la faceta del buscador** que describe Deepak Chopra en su conferencia sobre "La Alquimia, el arte de la transformación espiritual". En esta etapa buscamos el verdadero sentido del yo, de la conciencia, entramos en la búsqueda del amor más puro y de la plenitud, disfrutamos de lo más sencillo. Nos maravillamos al descubrir que lo que buscábamos en el mundo es vano porque todo ha estado siempre dentro de nosotros. Vemos y sentimos a Dios en el mar, en una flor, en el milagro de dar a luz. Valoramos con inmensa gratitud lo que nuestros padres hicieron por nosotros, aún cuando hayan cometido sus errores. Por eso la vanidad se desvanece ante el amor por nuestros hijos; ellos ocupan la parte más importante de nuestro ser, y aunque sabemos que algún día se irán de nuestro lado, no tenemos miedo, hemos aprendido a encontrar la paz, a disfrutar la soledad, a no sentirnos solos. El auto aceptación y el amor propio se desarrollan con toda humildad en su máxima expresión. En esta etapa del buscador desplegamos un control y un conocimiento de lo que queremos, tal vez por eso la ley de la atracción se me hizo más evidente. Pensaba en una persona y me topaba con ella, encontraba con más facilidad las soluciones a mis problemas. El desapego y la fe se elevaron a mi más alta potencia, por eso podía alinearme con el universo y ver mis deseos realizarse.

Este periodo de la existencia prosigue a la finalización del ego. El ego es aquel que nos seduce a buscar pasiones, la mejor posición, la fama, un nombre. Nos obliga a competir sin aceptar la derrota, nos lleva a buscar en el exterior o en otros, la manera de encontrar la felicidad y la satisfacción interior. El Ego también busca su reconocimiento en el sentimiento de culpa, cuando convierte a la persona en víctima y cuando ésta busca la atención de otros por medio de la lástima o la queja. Por eso, cuando este muere, los puntos de vista que se defienden con pasión, pierden relevancia. Además, deja tras su desaparición el desapego de las ideas radicales, de la vanidad, del anhelo por la notoriedad y de todo aquello que se busca desesperadamente en el mundo para sentirse triunfador. Solo importa, en el aspecto material, aquello que a nosotros y a quienes amamos nos brinde tranquilidad y comodidad. Aquello que nos permita contribuir. Es así como el dinero no se busca para aparentar o para sentirse superiores a otros.

Con la confianza que me proporcionaba mi nuevo idealismo y con la seguridad de mis nuevas manifestaciones, me sentí más cómoda para pedir. Trabajé entonces en lo que tenía convicción de alcanzar. A medida que lograra más resultados y mi energía positiva estuviera más alta, enfrentaría lo que consideraba más difícil de solucionar.

Un día, inesperadamente, me llamó mi amiga Elizabeth, para decirme que John, su esposo, estaba en una feria de trabajo. Iban a abrir Prudencial Center, el nuevo coliseo de Jockey para el equipo de los Diablos del estado de New Jersey. John obtuvo el empleo en esa exposición y apenas se enteró que necesitaban más personas para ocupar el puesto me recomendó. Gracias a ellos, sólo tuve que ir a la entrevista y comencé a ganar dinero extra. Combiné el nuevo horario con el que tenía en el Madison Square Garden en la ciudad de Nueva York y, aún así, pasaría el verano con Alejandro pues ambas jornadas eran en temporada de invierno.

En el nuevo empleo era difícil encontrar un lugar gratis para parquear. El costo de un estacionamiento privado durante la noche, era algo costoso para mi presupuesto. Esto era un inconveniente para mí. Pensé entonces y escribí repetidamente: "Merezco encontrar un espacio seguro y cerca en donde mi carro esté a salvo, quiero llegar a casa rápido y sin complicaciones, además, deseo que este lugar sea gratis". Aún, un año después de estas declaraciones, cada vez que iba a trabajar encontraba el mismo sitio para dejar mi auto. Cualquier persona que conozca la ciudad de Newark, NJ, sabe lo difícil que es encontrar un espacio para el carro allí. Siempre sonreía al pensar que ese sencillo deseo se me cumplía tal y como lo anhelaba, era maravilloso.

Como tomaba el tren para ir a mi primer trabajo, manejaba hasta la estación y dejaba mi auto en una calle al lado de un parqueadero privado. Un día se me acercó el dueño. Nos saludamos con la amabilidad de una relación cotidiana. Luego me dijo que dejara mi carro en su estacionamiento, que no me cobraría nada. Sólo le debía poner un letrero para que el guardián lo distinguiera y así no ser multada. Qué chévere! pensé, ahora me voy con la tranquilidad de dejar mi carro allí, seguro y sin pagar, además, esto me representa un ahorro. Siempre que sucede algo así me siento agradecida al pensar que con esa reserva puedo comprarle a mi bebé lo que le pueda hacer falta.

Con los nuevos ingresos, el cheque de la declaración de impuestos que había recibido, más el bono de auxilio económico que el Gobierno Americano envió a sus contribuyentes ese año para ayudar a mejorar la economía, pude pagar el carro y las deudas de las tarjetas de crédito.

Los aciertos reafirmaron mi confianza en lo que podía cambiar y en las metas que me había propuesto. Por eso, con más convicción que nunca, pedía una y otra vez, recuperar mi casa. Al tener las tarjetas en saldo cero y después de meses de fallidos intentos para obtener un préstamo en el banco, pude conseguir que me ayudaran a recuperar la casa y a pagar mi préstamo con intereses muy bajos.

Después de firmar mi nuevo contrato con el banco, recibí una carta de ellos donde me informaban que en tres días rematarían mi casa. Me asusté y los llamé enseguida. Me dijeron que ignorara esa notificación, que la mandaron unos días antes de firmar el acuerdo. Lloré de alegría por tanta gratitud que tenía en el corazón.

Ahora sí me animé a arreglar mi espacio con base en el Feng shui. Cambios que tanto quería pero que habían sido hasta ese momento imposibles de realizar por la prioridad de pagar mis deudas. Era tal mi entusiasmo que mi familia, mis amigos, mis vecinos y hasta personas a las que ni conocía, me colaboraron con la transformación.

Recuerdo que mis primas Juliana y Olga se llevaban al niño de paseo durante el día, para que yo pudiera adelantar las modificaciones. James, gran amigo hace muchos años, llegó con un compañero, Jorge para tomarle las medidas al patio y calcular cuánto costaría su arreglo. Más tarde me llamó. Decidieron no cobrarme, solamente debía tenerles una buena comida y música para que el trabajo fuera más divertido. Con el tiempo Jorge se convirtió en mi aliado. Alguna vez le pregunté por qué me había ayudado si no me conocía y me respondió que lo hizo porque cuando fue a mi casa por primera vez y me vio sola con el niño, tan entusiasmada con mis planes, sintió admiración por mí y, además muy buena energía.

Otro que se unió a la causa fue Carlos el esposo de Aismet, mi amiga. Él me ayudó con el cambio del sistema de calefacción y me permitió pagarle en cuotas.

También mi hermano Mauricio se ofreció, con Diego un amigo suyo, para arreglar el jardín del frente. Araron la tierra y trajeron semillas para plantar. Deseaba que esa tierra nos representara provecho, que fuera un símbolo de la cosecha de todo lo bueno por venir. Por eso decidí ser yo quien las plantara e involucré al niño en esta nueva y renovante actividad. Fue un momento especial para los dos, de contacto con la naturaleza, con las raíces, con nuestro futuro.

Alejandro estaba feliz empuñando las semillas con sus pequeñas manitos y arrojándolas por todos lados. Aprendió a sembrarlas, y todas las tardes, aprovechando el verano, salíamos a regarlas. Le daba gracias a Dios por detalles como esos al lado de mi pequeño, sabía que el aprecio es energía pura que eleva el espíritu en momentos que pueden parecer simples, insignificantes o comunes.

Durante la decoración encontré cupones y promociones en casi todas las tiendas que visité. Las personas que remodelaron lo hicieron con buena voluntad y por menos dinero; yo colaboré con lo que pude en mis horas libres.

Se sentía mucha actividad en la casa. Algunos amigos entraban, otros salían, bajábamos materiales, sacábamos escombros, una cosa aquí, otra allí, yo trataba de dirigir la operaciones, ubicando según mi gusto las cosas. Y entre tanto movimiento las broman salían, la música se escuchaba, en medio de charlas me decían que ya podía montar mi empresa de construcción, pues según ellos tenía los trabajadores en fila. Nos reíamos mucho por eso.

La casa lucía tal como la había visualizado. El ambiente limpio y tranquilo le dio otro aspecto a mi vivienda y además creó una buena energía, que aún habita en todos los rincones. Mi niño ha disfrutado notablemente con todos esos cambios, y a ambos nos encanta estar en nuestro hogar.

En medio de nuestro confort continuábamos con nuestra nueva rutina cuando recibí una llamada. Era el padre de Alejandro buscando un re-encuentro con él. Contrario a lo que tal vez hubiese hecho unos meses atrás, cuando no tenía los conocimientos que ahora tengo, le abrí las puertas para que se acercara y compartiera de nuevo con su hijo. Me explicó que se apartó de nosotros porque su situación no había sido la mejor y por eso pensó que sus condiciones no eran convenientes para el niño. Además sabía que yo cuidaría bien de nuestro bebé y lo rodearía de un ambiente amoroso. Era consciente de que sus acciones nos habían herido y para evitar lastimarnos más, dedujo que alejarse sería lo mejor.

Sus explicaciones no me justificaron su ausencia. Pero debo confesar, que analizo ahora la situación bajo el manto de mis nuevos conocimientos y no puedo menos que sentir alivio al pensar que mi hijo no tuvo que rodearse del ambiente preocupante que su padre experimentaba debido a sus problemas, ya que así como asimila la energía de mis ideas también se impregna de las de él. *No puedo agradecer el abandono de ese tiempo pero la paz que siento en mi corazón y este nuevo discernimiento espiritual, me dejan apreciar y alegrarme de que ahora él se acerque a nuestro pequeño con conciencia y de forma positiva*

Vi en él a un ser humano que, aunque cometió errores con su hijo, merecía una segunda oportunidad de recuperarlo, simplemente, porque es su papá. Por eso cedí con gusto a que se diera ese re-encuentro. Me queda también la satisfacción de no haber utilizado nunca a Alejandro para herir a su padre ni para desquitarme de las cosas que me dolieron de él, además, me siento orgullosa de no tener una actitud vengativa la cual sólo lastimaría a mi niño y seguramente a mí, también

Toda la energía que pude invertir para perseguirlo o para pelear con él, la utilicé para crecer como persona y como mamá. Me siento satisfecha y estoy segura de que un día Alejandro se sentirá orgulloso de mi proceder.

Ahora Alejandro comparte con sus nuevos parientes paternos: sus dos hermanos, sus abuelos, sus tíos y con su papá. En ese acercamiento, temporada de arduo trabajo para mi, él cuidó del niño. Siempre le agradecí mucho por esto. Ya no sufro al pensar si van a estar juntos o si su relación va a mejorar. Hice lo que debía hacer como madre y como mujer. Sé que lo que pase entre ellos no es más mi responsabilidad, es la de su padre. No puedo ni debo custodiar o intentar cambiar las experiencias de ellos ni las de nadie. Sólo puedo controlar las mías. Cada uno tiene que encontrar su propio camino.

Pude comprobar con profundo placer que la vida pone personas, momentos y situaciones en el camino para que lo que pidamos se nos conceda, todo es cuestión de tener fe, de saber esperar. El universo lo tiene todo para nosotros, nuestra labor es abrirnos al amor y a la prosperidad. Y eso, solamente, se logra cuando nos negamos al dolor, a la amargura, al pasado, a los reclamos o a las peleas con la vida misma. Todo llega a su debida hora, por eso no hay que desesperarse, sino, más bien, vestirse de paciencia, educarse; leer, participar de seminarios, estar presentes aquí y ahora, hacer actividades que nos llenen, que nos saquen de la rutina, que nos permitan crecer, así la espera se hace más corta y placentera.

Poco antes de la navidad del 2008, llegué a mi casa ya tarde de mi trabajo. Como de costumbre, revisé mi buzón de correo electrónico. Me encontré con un mensaje de mi madre, me decía que estaba muy sorprendida por una llamada de mi padre biológico, con quien había perdido contacto muchos años atrás. Me pareció curioso que precisamente ahora, que lo llamaba con mi mente, él se hubiera encontrado, en la capital de mi país, con una amiga de mi madre, de infancia, con quien aún ella hablaba. Supo él, por medio de esta persona, que ya yo sabía la verdad. Él estaba, aparentemente, muy emocionado de pensar que tal vez nos comunicaríamos por primera vez, y le dejó su número telefónico a mi mamá con la esperanza que yo lo llamara. No puedo explicar exactamente por qué esto no me sorprendió como lo había imaginado. Creo que estaba esperando esta situación, era como si predijera que fuera a pasar, simplemente, porque estaba escrito en mi "Libro de los deseos"

Al poco tiempo lo llamé. Ahí estaba yo enfrentándome de nuevo a mi pasado, a esa verdad que unos meses atrás me perturbó tanto. Logré saber esa otra parte de la historia que ansiaba conocer. Supe que él nunca me quiso abandonar, que hizo lo que pudo para recuperarme cuando era aún una niña, pero que en ese tiempo, y bajo las circunstancias de esa época, no le fue posible. Él también sufrió.

Supe de su familia y de sus hijos. Ellos sabían de mi existencia y, de cierta manera, se alegraron porque él logró un encuentro con su hija perdida. Tuve la oportunidad de conversar con algunos de ellos. Ahora estoy en el proceso de saber un poco más de cada uno, también supe que tiene ocho hermanos, con quienes también he tenido algún contacto. Me dieron la bienvenida a la familia y se han expresado de manera muy cariñosa y alegre conmigo, algo que no esperaba y que me sorprendió gratamente.

Esta primera charla fue un encuentro con mi personalidad, versión masculina. Nuestras expresiones son similares y al parecer tenemos mucho en común. Él es abogado, es muy jovial, activo, expresivo, cariñoso, divertido, con una mente abierta y dispuesto a escuchar. Le gusta mucho la música, es un gran lector y escritor. Estoy descubriendo en él a un amigo y confidente.

Tenía que vivir esta experiencia, estaba reservaba para mí. Simplemente, Dios fue bueno conmigo, esperó hasta que estuviera preparada para enfrentarme a esa verdad tan difícil de aceptar, pero que conociéndola se hace menos dolorosa. Tuve la oportunidad de volver a mi pasado, a mi historia, para limpiar viejas heridas, descubrir secretos, aprender más sobre mi misma y sobre el por qué de ciertas cosas que no lograba entender. Mi conclusión es que cada persona vive en un mundo muy diferente, por tanto las experiencias, sentimientos, verdades o realidades de cada uno también lo son. Mi mayor aprendizaje en esta experiencia fue atreverme a **enfrentar los miedos**, ya que son los **únicos** responsables de que los seres humanos se dejen arrastrar por las circunstancias y terminen tomando decisiones equivocadas o haciendo lo que no quieren. Estos temores se presentan como miedo a la soledad, al que dirán, a la escasez de lo material, la enfermedad, al comunicar nuestros sentimientos, a la responsabilidad, a enfrentar las opiniones ajenas, a no ser capaces de lograr lo que se supone que debemos alcanzar, a perder un amor, a lo desconocido y, lo mas desconcertarte, miedo a nosotros mismos.

También, me quedó bien claro el concepto de lo que comprende una familia, ese hogar que se forma con las personas amadas que están siempre a nuestro lado. Hogar como en el que crecimos mis hermanos y yo.

Mi vida suponía ser de una manera, pero se torno diferente. Las acciones y decisiones de otras personas estuvieron involucradas en ese cambio para mí, por eso, dejé de hacer por mucho tiempo lo que realmente quería, y simplemente me dejé llevar por lo socialmente aceptado o por lo que es aprobado o correcto ante los demás. Por eso, en un principio, los comentarios sobre el abandono y mi maternidad de soltera me dolieron tanto. Fue por eso que me sentí indefensa, permitiendo que las determinaciones y forma de ser del padre de mi hijo afectaran mi felicidad.

De lo que sí podía tener el control era de la decisión de enfrentar esos retos, de vivir sin temores y, en mi caso de lograr de esta experiencia un mejor entendimiento de lo que realmente quiero, de lo que deseo enseñarle a mi bebé, para que él también pueda elegir sus experiencias, sin inquietudes y vivir su vida en integridad.

Lo que escribí en mi "Libro de los deseos" se ha ido materializando gradualmente. Ya no le doy ese crédito a la casualidad, ahora entiendo que he llamado esas cosas buenas. Soy mi propio testigo de lo que me ha llegado, de mis cambios, de la forma en que pude retomar las riendas de mi vida... Sé lo que pedí, lo que pensé, y lo que he recibido, por eso ahora me cuido de lo que deseo, pienso y digo porque el Universo me está siempre escuchando y sé que lo que tanto anhelo, en cualquier momento se me concede si pongo toda mi intención deliberada en ese pensamiento.

Paso a paso recuperé la paz de mis sentimientos, surgí emocionalmente como ave fénix de ese agujero en el que unos meses antes, me había hundido. Volé desde la depresión más profunda hasta el amor más alto y más valioso del mundo: el amor de mi hijo y el de mi familia. Creo que empecé a ser una nueva mujer, una mejor persona, libre, y aún sensible.

Capítulo 12

A los Hombres de mi vida.

El propósito de esta historia es inspirar a la mujer que enfrenta dificultades en su condición de madre soltera, y, muy especialmente, llegar al corazón y a la conciencia del hombre que se ausenta en la vida de los hijos de dicha mujer.

Algunos hombres que se separan de sus niños son sólo víctimas de las circunstancias y con dolor no están con ellos. Pero, independiente del motivo, existe para hombres y mujeres, culpables o víctimas, una razón suprema para pedir perdón y perdonar: los hijos, quienes no tienen la culpa de los actos irresponsables de sus padres.

Por eso, esta obra invita a practicar la comunicación y la reconciliación entre los progenitores. Promueve acuerdos basados en la amistad, el compromiso y el respeto mutuo, con el único fin de beneficiar a los pequeños.

Sería injusto culpar siempre a los hombres cuando hay un rompimiento, pues la responsabilidad es compartida. Además, cada situación es diferente y los sentimientos de cada persona lo son también. Algo que si debe ser claro para los adultos es el deber de tener **una vida sexual responsable** para evitar así la triste experiencia de procrear criaturas indeseadas.

Es preciso, además, no confundir el amor de pareja con el de los hijos. No está bien enfrentarlos, injustamente, con situaciones traumáticas. Como sujetos responsables de su desarrollo no debemos exponerlos a la intolerancia o a las venganzas, utilizando como arma la situación. Mucho menos valerse de ellos para herirse el uno al otro. Así, serían muchas las excusas usadas para justificar el abandono, y encontraríamos cientos de razones para culpar al otro por la separación. Y en medio de esa batalla están los niños, a la espera de amor, de cuidados y siempre dispuestos, tarde o temprano, a perdonar a sus padres.

¿Por qué no buscar ese perdón, ese acercamiento antes de causarles tanto dolor? Se podría pensar, tal vez, que están muy pequeños para entender los problemas, aunque, en el fondo, sabemos qué sienten ellos y lo mucho que necesitan del cariño de sus padres. No perdamos tiempo precioso de disfrutar aquellas etapas, que cuando pasan, JAMÁS se pueden recuperar. No esperemos hasta tener jóvenes con fuertes sentimientos de rechazo, faltos de aprecio y amor. Ayudemos para que no existan adolescentes con la triste ilusión de, algún día, llevar con orgullo el apellido paterno, o chicos que se avergüencen o se incomoden por el mismo.

No pretendo insinuar que la mujer que tiene la fortaleza de sacar a sus hijos adelante, sola, sienta que no necesita al hombre y que por ende le quite la responsabilidad o el derecho que él tiene de verlos y compartir con ellos (Mientras la vida o la estabilidad emocional de ellos no esté en juego por supuesto). El mensaje simplemente envuelve la posibilidad de enfrentar con entereza y **alegría**, la parte que a ella le tocó vivir.

Tal vez, el conocimiento de la existencia de otra ley universal nos haga consientes de la importancia de lo que le damos a nuestros hijos, a nuestra pareja, o a nuestros semejantes. Esta es la **Ley de causa y efecto**, la cual decreta que todo lo que hacemos trae sus consecuencias. Esta ley aunque parezca ser desconocida para muchos, no lo es, pues reconocemos y aceptamos su disciplina casi inconscientemente. Por ejemplo, cuando mencionamos refranes populares: "Recibimos lo que damos" o "No le hagas a nadie lo que no quieres que te hagan a ti"

También la Biblia es sabiamente cómplice de esta ley al señalar en Gálatas 6; 7 "Cosechamos lo que sembramos", Mateo 7; 2 "Con la vara que mides serás medido" y "Con el juicio que ustedes juzguen, serán juzgados".

Muchas personas sienten bastante temor ante estas declaraciones porque saben con seguridad que se dan a diario. Son acontecimientos vistos por la mayoría, como amenazas. Sin embargo, esta no es una ley de fatalidad ni mucho menos de venganza. Afortunadamente siempre la podemos cambiar debido a que nuestros pensamientos, palabras y actos son los que crean nuestras propias experiencias. Nosotros, de nuevo, tenemos el control. Dios y/o el universo son justos, por eso tenemos la oportunidad de cambiar nuestro presente. Los retos solo establecen nuestra capacidad de evolución en este mundo. En mi caso particular, una transformación espiritual.

No se paga eternamente por los errores, existe un Dios amoroso que perdona, que llama a la reconciliación y al cambio. Por eso se reciben bendiciones por los buenos actos. Se levanta la balanza a favor cuando después de cometer errores, se hacen méritos para remediarlos, cuando el arrepentimiento es de verdad, de todo corazón. La manera más sabia de enmendar los errores se halla en realizar actos de bondad hacia otras personas, con la contribución, siendo fieles, respetuosos, considerados, honestos y cariñosos con los demás. Por eso autores como Deepak Chopra y Wayne Dyer, constantemente nos invitan a preguntarnos cómo servirle a la humanidad. Si hacemos el bien y le ayudamos a quien realmente lo necesita se eleva nuestra conciencia en esa balanza de la vida. Esta ley universal me permite deducir que el dar y recibir se convierten en un mismo concepto pues recibimos en la abundancia con que damos.

Ilustraré cómo funciona la ley de causa y efecto en relación con el ser humano, con Dios o con el Universo. Entendí que tenemos una fuerza que nos da vitalidad y un estado de alerta que prepara o predispone nuestro espíritu ante un evento, ya sea bueno o malo. Cierro los ojos e imagino que esa energía interior que emano por medio de mi respiración, pensamientos, palabras o actos (o como lo quiera imaginar) sale de mi y viaja circularmente tocando a todas las personas que conozco o que interactúan conmigo: amigos, vecinos, familia o cualquier persona de nuestro planeta. Si mi energía es negativa, tocará con negatividad a estas personas. Si ellas, al sentirse heridas u ofendidas por mi acción, reaccionan con rencor, mi mala energía recogerá más rencor. Ella seguirá viajando y rozando a otras personas, hasta que, finalmente, llegará a mí de nuevo, más contaminada que cuando surgió de mi interior: ha recogido la aversión de los individuos a quienes les he hecho daño. Sentiré con más fuerza su maldad y este proceso tiene un precio; dinero, dolor, abandono, enfermedad o miseria.

Funciona igual. Cuando emano paz, amor, consideración, fidelidad o respeto mi buena energía viaja acariciando el corazón y la sensibilidad de todas las personas que estén a mi paso. Esta buena energía vibratoria acumula la admiración, la consideración o la buena voluntad de las personas a quienes he hecho bien. Y cuando vuelve a mi recibo con más fuerza la bondad. A esto se le llama obtener bendiciones.

El conocimiento de esta ley no debe infundir temor. Su claro entendimiento fortalece el deseo de actuar con más humildad, consideración y respeto hacia otros y hacia uno mismo. Da sabiduría para vivir mejor y recibir prosperidad a diario sin esfuerzo. Y además, refuerza el PODER DE ELECCIÓN.

Se me hace sabio deducir que acatar estas normas me llevará indudablemente a querer actuar bien para recibir más bienestar, y si mi balanza se encuentra siempre a mi favor tendré una vida más feliz y placentera.

Puedo compartir otra manera de entender la importancia de arrepentirse y enmendar los errores para ser prósperos y tener paz interior. Voy a jugar de nuevo con mi imaginación.

En este juego imaginativo el Universo es una casa inversionista donde solicito un préstamo por medio de una tarjeta de crédito con altos intereses. Acuerdo pagarlos porque estoy convencida de controlarla y pienso no dar ni un centavo más de lo planeado. La causa serán los gastos y el efecto los abonos a la deuda.

A medida que uso el crédito, la cuenta llega a rojo, los intereses se suman al déficit y termino pagando un costo mucho más alto de lo programado. Esto me hiere financieramente. Cancelar cuotas puede equilibrar la deuda, pero no la salda. Sólo hasta completar todos los pagos estaré a paz y salvo. Haber estado en rojo no significa que, después de borrado el saldo, yo continúe siendo responsables de más costos. En conclusión, gasto, me endeudo, pago con intereses altos mi préstamo y luego quedo con el saldo en cero. De esa misma manera, se pagan las malas acciones mientras se galardona el buen proceder, hasta que se termina a paz y salvo con la conciencia. Sólo se tienen que rectificar los errores y vivir de una manera más digna para no tener un saldo en rojo con la vida. A esto le llamo COMPLETAR. Cerrar ciclos en la vida. Pedir perdón y perdonar. Reconocer y tomar responsabilidad de lo que elijo pensar, decir y hacer. Soltar resistencias.

Si te invade la culpa y la angustia por algo que hiciste o que estás haciendo, es hora de aquietar tu mente, de reconocer, de hacerte PRESENTE ante lo que estás pensando, hablando o haciendo. Si, por el contrario, te acompañan satisfacciones y las recompensas por tus buenos actos, estás viviendo en armonía con tu YO interior. Esta condición siempre puede cambiar, lo que hagas hoy lo recibirás en el ilusorio futuro porque siempre estamos viviendo un HOY, un aquí y un ahora. Cambiar hoy, cambiar nuestro presente es lo que inspira a este libro a invitar a las personas que han fallado con sus hijos a buscar una reconciliación, un acercamiento: AHORA. Nunca es tarde para saldar la deuda que se acumula con ellos.

Otra mención que no quiero pasar por alto, es la honorable labor que realizan los hombres que educan, como propios, a los hijos de su pareja. A ellos un reconocimiento especial, pues aman y se sacrifican por esos niños que orgullosamente los sienten como a verdaderos papás. Además mi admiración y respeto a los caballeros que continúan con amor, paciencia y constancia su labor de padres, aún después del rompimiento familiar.

A aquellas mujeres que tienen la fortuna de contar con el cariño y el apoyo de su hombre en el hogar, las exhorto a valorar y a cuidar de esa relación. No inviertan su energía en pelear por insignificancias, ni concentren su atención en las pequeñeces que las inconforma de sus esposos. Exaltar las buenas cualidades de su pareja lo motivará a él a dar más de lo mejor de sí. Más bien practiquen la virtud del **aprecio.**

No quiero terminar esta historia insinuándome como la heroína a quien nada ni nadie hará daño, sé que aún soy frágil. No tengo todo el conocimiento, tampoco mi búsqueda ha terminado. Simplemente, encontré un sendero por el que puedo caminar llevando a mi hijo de la mano sin el temor de no encontrar una salida. Sigo una luz de entendimiento que me guía, que me da la certeza que esa lista de "Mi libro de los deseos" tendrá que renovarse una y otra vez porque todos ellos se materializan.

La elaboración y publicación de este libro es otro sueño hecho realidad, porque desde muy pequeña me vi escribiendo. No sabía cuándo, ni dónde, ni de que trataría. Siempre tuve la inquietud de escribir y ahora encuentro a mi disposición el conocimiento, la experiencia y la inspiración para realizarlo y, además, para poder dedicárselo a los cuatro hombres que han dejado huellas imborrables en mi vida.

Con todo mi amor se lo dedico a mi papá; aquel hombre que me educó, al que amo y considero mi verdadero padre y abuelo de mi hijo, quien se responsabilizó siempre de darme una educación seglar, comida, ropa, amor, respeto, ejemplo de honestidad. Quiero darle las gracias por acogerme como a una hija, por el hogar que nos ofreció a mi madre y a mí, en esos momentos en que tal vez ella también tuvo temor de no saber qué hacer con su hija de brazos. Gracias por haber estado siempre conmigo, viéndome crecer al lado de mis tres hermanos a quienes amo con todo mi corazón, y por no haberme hecho nunca sentir diferente a ellos. Gracias por todo el apoyo para que yo pudiera alcanzar mis ideales. Espero haber correspondido a cada uno de sus sacrificios y a toda su bondad.

A mi hijo Alejandro por ser parte activa de mis días, por su ternura, por su compañia que tanto disfruto, por ser mi inspiración, por haberme dado el **privilegio de ser mamá**, por llenar mi vida de amor y de ilusión, por su alegria, por hacerme sonreir con cada cosa nueva que realiza, por darle a mi existencia un sentido tan especial.

A mi padre biológico a quien le ofrezco mi amistad y mi promesa que haré cuanto pueda para compartir con él, para llegar a conocerlo un poco más y, de cierta forma, recuperar un poco del tiempo arrebatado por las diversas circunstancias antes de que pudiéramos estrechar una relación de padre e hija.

Al padre de mi hijo por los momentos felices junto a él, por el amor y las ilusiones que despertó en mi y por haber llegado a mi vida...Para darme a mi bebé.

Dinámica

Deseos y Afirmaciones

$\mathcal{P}$ropongo una dinámica que guíe a mis lectores a alcanzar pensamientos con un elevado nivel de buena energía, de amor y de esperanza, con el fin de lograr que ellos sean cada vez más positivos. De esta manera, les será más fácil creer y sentir que esos sueños que tanto anhelan llegarán a ellos para darles felicidad y paz, porque esa es la clave del éxito y el propósito de la vida.

Además, espero así apoyarlos en el recorrido de su recuperación emocional y de su superación personal con ejercicios que les ayuden a desviar, positivamente, la atención de sus problemas hacia nuevos conocimientos. Así creceremos todos como personas y como padres. Estas prácticas tienen como fin encaminarlos hacia un entendimiento y hacia una paz interior superiores.

Debo entonces agradecer a la señora Louise Hay por las enseñanzas y las visualizaciones guiadas, que fueron una gran motivación para mí. A ella le debo días enteros de tranquilidad gracias a sus libros auditivos que se convirtieron en un Mantra durante meses de terapia. Entre mis consentidos están "La auto-curación", "Usted puede sanar su vida" y "Abrirse a la prosperidad"

*Las **tácticas de pensamiento positivo y decretos** son una excelente manera de reprogramar la mente, de crear nuevas conciencias y perspectivas para observar nuestras experiencias. Visualiza, Decreta. Al principio podrá parecer extraño, o tal vez tonto, pero a medida que avances te darás cuenta del alivio emocional que producen. Cada persona creará, según la apropiación del tema, sus fantasías de acuerdo con sus necesidades. No olvides que tus deseos y afirmaciones positivas tienen que proporcionarte alivio. Es necesario sentir satisfacción, aprecio y, sobre todo, convicción cuando las practiques. Ellas deben adaptarse a tu ritmo, necesidades, deseos o expectativas. No debe existir presión, simplemente eliges la más cómoda para ti. Además, En el juego de sentirnos bien y buscar la superación, la imaginación juega un papel muy importante.*

***Concéntrate en ti misma**, en la abundancia que quieres y necesitas. Busca mantenerte ocupada; finaliza algún proyecto abandonado, uno que siempre hayas querido cumplir. Involucra a tus hijos en él y comprenderás de qué se trata el verdadero privilegio de ser mamá, aunque seas una mamá soltera. No hay diferencia.*

Ponte una meta diferente a la de resolver tu problema, por ejemplo vuelve tu atención a la lectura, comprométete a bajar de peso, o llena nuevas aplicaciones de trabajo. Ordena tus cuentas y papeles, regala la ropa que no usas y que por años cuelgas en tu guardarropa, piensa en cómo obtener dinero extra, retoma tus estudios, aléjate de las personas que te hacen sentir mal o que siempre tienen pensamientos o comentarios negativos hacia ti o hacia otras personas. Acércate a quienes admiras o a aquellos que te ofrecen cosas buenas. Recuerda que "La miseria siempre busca compañía", por eso no debes dejarte arrastrar del qué dirán, ni de las burlas por tu fe en este tema o en cualquier otro.

No recuerdes lo que te hizo daño, ni lamentes más lo que pudo ser y no fue. Sé que es más fácil decirlo que lograrlo pero inténtalo, aunque te cueste trabajo. Se amable contigo misma, piensa que vas a llegar a donde quieres, que mereces lo mejor. Entiende que es normal que sea difícil porque apenas estás en el proceso de recuperación, pero, afortunadamente, hay muchas maneras de distraerse de los pensamientos negativos. Cada persona tiene su forma de empezar a sanar, por ello cada una escogerá un ejercicio diferente, pero al final todas podrán identificarse con las diversas prácticas aquí propuestas.

Ya sabes que **visualizar significa soñar**, fantasear, inventar, creer y esperar. En la visualización tú tienes el poder absoluto de cambiar o finalizar una situación que te atormenta y lograr un final feliz. Si al visualizar te empeñas en construir una imagen que te duele aunque sea un poco, o que te hace dudar o sentir incómoda, vas por mal camino. Si ves que no alcanzas la felicidad o la convicción que deseas, tal vez sea tiempo de re-evaluar ese pensamiento o deseo y aceptar que eso que tanto quieres atraer, no es lo mejor para ti, al menos no por ahora. Visualizar mientras recibes un masaje o tomas una ducha de agua caliente es una gran idea, sin embargo, cualquier lugar donde te sientas cómoda es el ideal para hacerlo. Por ejemplo, los minutos antes de dormir o los primeros al despertar, cuando aún no te levantas de tu cama, o mientras manejas, esperas en una fila o vas en el tren o en el autobús.

Pídele a Dios sabiduría, para que puedas reconocer si atraes lo que realmente te conviene, y fuerzas, para que te permita soltar sin dolor lo que no vale la pena conservar.

Las afirmaciones positivas son palabras mentalizadas, dichas o escritas. Son, tal vez, el ejercicio más poderoso, practícalas. Puedes repetirlas en tu cabeza como un Mantra o escribirlas. Ponle fecha a tus deseos para que compruebes qué cosas se te dan y cuánto tardan. Esto sirve también para analizar cuánto llevas deseando algo que a lo mejor no vale la pena, y así reevaluar tu lista. Recuerda que tus deseos y afirmaciones positivas son tuyas, no las derrumbes por nadie.

Un ambiente de serenidad y paz son fundamentales para la **meditación** y las visualizaciones. Es recomendable la música de meditación, música orquestada, jazz suave, sonidos de la naturaleza o un simple y profundo silencio. Es decir aquello que te dé comodidad, tranquilidad, confort, paz, cualquiera que creas que se ajuste. Medita, entra en este mundo silencioso de sabiduría, practícala todos los días, busca información. No dejes de meditar.

La aroma-terapia es otra magnífica ayuda para la relajación del cuerpo y de la mente. Incluye el uso de una gama extendida de productos afines: velas de olor, aceites relajantes, incienso, entre otros.

Se creativa. Si no se te ocurre nada, lee de este libro los deseos y las afirmaciones positivas: déjate contagiar de ellos, y que éstas te guíen. Crea en tu mente las imágenes que tanta felicidad te dan. Siente el momento que quieres vivir, como si te ocurriera ahora. Si te parece mejor, escribe tu lista de deseos en un cuaderno o libreta. Elige una que te guste mucho, ya sea por el color o la forma, haz lo mismo con la pluma que utilizarás para escribir en él. Siéntete armoniosa y especial con todo lo que se trate de ti, de tus deseos y de tu superación. Piensa en tus habilidades, en qué eres muy buena? Busca información sobre como resaltar tus talentos y practícalos. Vuélvete una experta en lo que haces bien.

Busca más información sobre el extenso tema de la espiritualidad. Conéctate con tu SER interior, identifícate con algún tema de este libro y aprende más sobre él. A profundidad. Participa de seminarios y charlas. Conviértete en la amante de la lectura, así lograrás aprender de las experiencias que han funcionado para otros. Es una muy inteligente manera de aprender.

Investiga y practica la meditación o el **yoga** o interésate por hacer un **deporte.**

Empieza por cambiar lo que te sea más fácil y más creíble hasta que te hagas más fuerte. Si no encuentras por dónde empezar, no te presiones. Busca remediar otras cosas que sean más fáciles para ti. Ordenar tus cosas, arreglar daños dentro de la casa, reconciliaciones con las personas más cercanas, pagos de deudas. A medida que tu camino se vaya limpiando, tu espíritu se fortalece, entonces te sentirás lista para afrontar lo que en un principio pueda parecer imposible. Cierra los ojos y pide el deseo de abrir tu mente y tu imaginación. Ora para tener claridad. Te asombrarás de las respuestas. Al final las cosas se harán más fáciles de lo que te puedas imaginar.

Piérdele el miedo a la soledad y piensa en las innumerables ventajas de estar solo. No creas que todo el que esté acompañado, casado o con pareja es más feliz que tú, muchos son doblemente infelices y tienen el doble de problemas de los "solteros". No se trata de promover o desprestigiar el matrimonio o la soltería, simplemente es una invitación a ser feliz desde tu condición. Si analizas bien, una persona puede estar casada o soltera en cualquier momento de su vida y puede cambiar de un estado al otro en un abrir y cerrar de ojos. La felicidad se encuentra en tu interior y no en la presencia de otro.

Frecuenta lugares diferentes, ve al cine, al teatro, a un restaurante. Lleva tu libro de los deseos, pide una cena, un pasa-boca o un postre y quédate por lo menos media hora en ese lugar. No importa que estés sola. Escribe o lee tranquilamente, sin tener la sensación de que te están mirando.

Busca un pensamiento de alivio cuando sientas ganas de llorar. Mira a tu hijo, analízalo, siéntete orgullosa y maravillada de que él haya estado dentro de ti, planea un mejor futuro para los dos o busca la compañia de tu familia o la de tus mejores amigos. Piensa en algo que te traiga buenos recuerdos, haz una llamada telefónica rápidamente o prepara una nueva receta de cocina. Cualquier táctica que ayude a eliminar tus lágrimas será un buen inicio.

Aléjate de la televisión y del ruido, no será para toda la vida, es sólo mientras te fortaleces, mientras vuelves a sonreír o a sentirte segura en el lugar o la situación en que estás. La aceptación del silencio te hace aliado de tu buena conciencia. Te reto a que hagas una prueba, verás lo resultados.

Haz cosas importantes por otras personas. Únete a algún grupo de ayuda comunitaria, dale la mano a un familiar, las buenas obras que haces con otros redundan a tu favor, por eso busca hacer algún acto de bondad. La contribución te hace sentir muy bien y eleva tu espíritu.

Entra en el juego de la NO reacción. Responde con paciencia y sin violencia a los errores o insultos de los demás. No reacciones. No se trata de que te dejes maltratar de nadie, simplemente No te tomes NADA personal. Di lo que tengas que decir sin poner reacción ni drama a lo dicho. En la transformación, tú eres la persona más importante de tu vida, y todo lo que aquí aprendas es solo y exclusivamente para tu bienestar, cada enseñanza va dirigida a tu YO interior, cada ejercicio va dirigido a tu superación personal y a atraer tu prosperidad. Tú tienes que estar bien y radiante de felicidad para que las personas que tanto amas, se iluminen con tu resplandor. Tu bienestar es el mejor regalo que les puedas dar a otros, especialmente a tus hijos.

Pide y atrae a tu vida toda la fuerza, la energía positiva, la abundancia de cosas buenas, la paz, la alegría, el amor, la salud, la sabiduría, la justicia, la gratitud, el conocimiento, la valentía, la generosidad, la compasión, la abundancia económica y la armonía con todas las personas a tu alrededor y, muy especialmente, con tus hijos y con su padre.

Practica el poder del aprecio. De toda gran tragedia, nace un gran deseo. Concéntrate en tus nuevos deseos y aprende a mirar tu situación o experiencia con gratitud. ¿Cuál es el regalo escondido en todo lo que estás viviendo?

Intenciones y Decretos diarios

Mi Intención es

Atraigo a mi vida El amor. Una pareja con la que tenga una excelente conexión espiritual, que a mis ojos sea muy atractiva, que tenga buena solvencia económica, que sea cariñosa y fiel. Una persona madura, soñadora, y respetuosa, que tenga buen sentido del humor, que sea espiritual, que nos amemos y respetemos el uno al otro.

Deseo un compañero que confíe en mí, que valore mis aportes, que traiga armonía a mi hogar. Me enamoro sin temores y soy correspondida, con una vida sexual sana, romántica y muy placentera. A veces explosiva. Atraigo una relación duradera y estable.

Decreto que la relación entre mi hijo y mi pareja, sea amable, respetuosa y afectuosa. Que esa unión proporcione paz y armonía entre los tres.

Así sea y Así es!

Decretos

Nuestro amor es real y poderoso.

Estoy lista para vivir en armonía con él.

Amo el olor de su piel y su aliento.

Atraigo al hombre perfecto para mí.

Estoy en paz y me siento protegida.

Yo lo inspiro.

Estamos hechos el uno para el otro.

Él es tierno, divertido, sensible y muy sensual.

Mi familia lo quiere.

Mi pareja es un excelente besador.

Sentimos el mismo amor el uno por el otro.

Él es limpio, atento, detallista y exitoso.

Viajamos y reímos juntos.

Todos sienten que somos una pareja encantadora.

Hay fidelidad y buena comunicación entre los dos.

Mi Intención es

*A*traigo a mi vida **La salud física y mental.** *La vitalidad, la energía y la paz interior. Quiero verme esbelta, que mis uñas y mi cabello se sientan y vean sanos; que mis dientes luzcan blancos y mi piel fresca; que mi rostro refleje la felicidad que hay en mi interior y mi sonrisa la paz de mi corazón; que la belleza de mi hijo brille en mis ojos, que él siempre vea a una mamá feliz y bonita. Quiero sentirme y actuar como una mujer sexy, jovial, amada, llena de vida, de gratitud. Soy sana y cualquier dolencia o enfermedad física que hubiera en mi cuerpo se irá porque no me pertenece. Las manos que toquen mi cuerpo para cualquier tratamiento médico son manos sanadoras.*

Así sea y Así es!

<u>Decretos</u>

Me gusta la persona que veo en el espejo.

Quedo siempre bonita en las fotos.

Soy bella por dentro y por fuera.

Soy positiva, sensible, radiante, saludable, fuerte, sensual, apasionada, fresca y valiosa.

Soy única y merezco lo mejor.

Tengo energía para caminar y estar siempre activa.

Los años me hacen lucir más interesante.

Aparento menos edad de la que tengo.

Los tratamientos médicos funcionan de maravilla para mí.

Mi cuerpo refleja la salud y la fuerza de mi mente.

Mi intención es

*A*traigo a mi vida **La solvencia económica**. *Atraigo el dinero. Que nunca falte en mi cartera porque quiero conocer lugares maravillosos, vestir ropa fina, cómoda y de excelente calidad, poseer perfumes finos, viajar con la comodidad de la primera clase, movilizarme de un lugar a otro en un buen auto, comer platos exquisitos, ver a mi hijo disfrutar de los placeres de la vida y compartir más tiempo con él, ayudar a otros, mejorar la calidad de vida de mis padres y trabajar menos. Quiero la paz y el confort que proporciona el dinero en este espacio de tiempo que estoy viviendo. Quiero tiempo de calidad!*

Así sea y Así es!

Decretos

Mi hijo tiene todo cuanto quiere y necesita.

Disfruto de paz económica.

Mi hijo y yo somos prósperos.

El dinero es bueno para mí porque no cambia mi corazón, Lo consigo sin esfuerzo.

El dinero engrandece mi corazón porque ayudo a otros cuando lo tengo.

Mi cuenta de ahorros aumenta cada día.

El dinero fluye en mi vida, a diario se incrementa y eso me hace sentir cómoda.

Vivimos en abundancia.

Desde que mi hijo nació tengo más.

Nada material nos falta.

Mi intención es

*A*traigo a mi vida La sabiduría. Deseo que las ideas fluyan con naturalidad en mi cabeza, que mi comunicación con Dios sea clara, detallada y honesta, que mis sentimientos se canalicen y se alineen con el universo para que mis deseos se hagan realidad. Quiero tener palabras amables, dulces, sabias y apropiadas en el momento apropiado; pensar con serenidad y tener paciencia para tomar decisiones sabias que nos beneficien a mi hijo y a mí; eliminar de mi vida la angustia, la ira o las dudas; que mi mente se abra para aceptar nuevas ideas y conceptos de la vida, así aprenderé a respetar más a las personas con sus diferencias religiosas, nacionalidades, preferencias sexuales o corrientes políticas. Aunque tenga humildad soy fuerte y firme en mis decisiones porque mis determinaciones son importantes. Puedo perdonar y pedir perdón.

Así sea y Así es!

<u>Decretos</u>

Disciplino a mi hijo de manera justa y cariñosa.

Soy buena negociante.

Mis decisiones son firmes y justas.

Me abro a la lectura y a cualquier evento que traiga nuevos conocimientos.

Me comunico con personas que tienen nuevos y sabios conceptos.

Mi espíritu se engrandece con humildad y sabiduría.

Atraigo la armonía con el padre de mi hijo por el bienestar del niño.

Acepto las cosas buenas que la vida me da y espero más y más.

Mi hijo y yo estamos sincronizados. Su actitud hace más fácil y placentera mi experiencia como madre. Nos respetamos y nos amamos profundamente.

Las decisiones que tomo en casa atraen más abundancia y prosperidad para nosotros.

<u>Deseo y atraigo a mi vida</u>

Escribe tus intenciones

Asi sea y Asi es!

Escribe tus Decretos

Así sea y Así es!

Palabras de gratitud

La elaboración de este libro ha sido una experiencia muy grata. Me rodearon valiosas opiniones, apoyo incondicional y energía muy positiva. Quiero agradecer, con todo mi corazón, a quienes creyeron en mí y me animaron a compartir las bendiciones que he recibido. Aquella idea inicial ahora se convirtió en mi realidad.

Personas maravillosas, con su conocimiento y gran amor, me dejaron huellas imborrables. Con ellos entendí el sentido de las diversas etapas de mi vida. Me ayudaron a crecer y a ser un mejor ser humano. Me rodearon y me dieron su fuerza vital para superar las dificultades y atraer el escenario propicio para que naciera "El privilegio de ser mamá soltera"

Doy mis más sinceros y profundos agradecimientos a mi familia a quienes tanto amo, por el respeto y amor a mi hijo. Mi mamá Yolanda García, mi padre Jesús Posada, mis hermanos Beto, Mauricio y Beatriz Posada García. Mis sobrinos Isabella Mojica, Julián Díaz y Juliana Silva. A mi prima Olga y a su esposo Gustavo A. Betancur.

De igual manera a mis amigos incondicionales con quienes he compartido tan bellos momentos y quienes con paciencia me escucharon también llorar: Aismet Rodríguez, Claudia Arango, Mónica Patiño, Nora Cucalón, James Correa, Belkis Tavera, Juan Ramírez, Ismail Elsawy, Betty Zulick, Carmen Fúnez.

También a quienes han cuidado de mi hijo con tanto cariño durante mis horas laborales.

Con todo mi amor, un abrazo a Amory Quiñonez, Antony García, Vanessa Marmolejo, Isabella Posada, y Angie Gil, los mejores amiguitos de Alejandro.

Asimismo a quienes con sus conocimientos, respeto y profesionalismo me ayudaron en la edición de este libro; David Castrillón, corrector de estilo, Catalina Arcila, Psicóloga SC, Claudia E. Bustamante, Periodista, Dora Liliana Ramírez, licenciada en español y literatura, Beto Posada, diseñador gráfico, Héctor Iván valencia, diseñador de página web, Claudia Arango, Traductora del libro al idioma Inglés. Al Actor, Escritor y Empresario Ricardo Chávez, la Periodista Liliana Marín y el Autor y Maestro Espiritual Jaime Jaramillo (Papá Jaime) por sus valiosas opiniones en la contraportada y un muy especial abrazo de gratitud a las directoras de mi MEGA equipo Nora Vinasco y Aismeth Rodríguez, quienes han estado siempre a mi lado en el crecimiento de mi Grupo de Apoyo EL PRIVILEGIO.

Y por último, gracias a los autores Deepak Chopra, Wayne Dyer, Esther y Jerry Hicks, Joseph Murphy, Walter Riso, la señora Louise Hay, el señor Jaime Jaramillo, Eckhart Tolle y a todos los demás escritores que han plasmado su sabiduría en los libros de ayuda personal para permitir que nosotros, sus lectores, encontremos salidas a nuestros retos y nos nutramos de su poder para ser mejores personas.

Les amo a Todos

Mireya Posada García.

Biografía

Mireya Posada García

Mujer de sangre latina. Vivió su infancia y adolescencia con sus padres y hermanos en Medellín, Colombia. Emigró a los Estados Unidos con la ilusión de encontrar un mejor futuro para ella y su familia.

Durante las noches, mientras su hijo dormía, se dedicó a la escritura de su primer libro "El privilegio de ser mamá soltera", del cual cuidó cada detalle. Esta extraordinaria mujer ha encontrado tiempo para crecer personal y espiritualmente mediante sus entrenamientos con figuras tan importantes como "T. Harv Eker", Anthony Robbins, Karen Hoyos, Louise Hay, Wayne Dyer, y Deepak Chopra entre otros

Tan pronto su libro salió a la luz, fue invitada a participar del inspirador documental "El lápiz... Escribiendo tu destino, Además lideró la traducción del Best-seller "Thank God I..." (Gracias a Dios YO) en el cual fue invitada a ser parte de su versión en español, allí nos comparte su historia al lado de autores como el Doctor John Demartini, una destacada personalidad de la película y libro "El Secreto."

Mireya alterna su dicha de ser madre con su trabajo en el coliseo más famoso del mundo; El Madison Square Garden en la ciudad de Nueva York. En enero del 2010 participó como protagonista en el primer programa de "Reality show" de habla hispana a nivel espiritual y de crecimiento personal, presentado a toda América Latina.

Actualmente Mireya es editora del primer magazine de transformación de habla hispana "PrESENCIA Magazine" en la ciudad de Nueva York, en donde ella se enorgullece de liderar la fundación de su Grupo de Apoyo "El Privilegio" por medio de sus seminarios con los cuales apoya el desarrollo y bienestar emocional de la comunidad; especialmente el de los padres. Ya que Mireya cree fervientemente que nosotros creamos el entorno en que los niños se desenvuelven y de allí depende no sólo nuestro presente pero también el presente de ellos y, por ende, el presente del mundo.

Epílogo

Recuerdo que una noche que parecía ser igual a las demás abrí los ojos y entre dormida miré la tenue luz del reloj que descubría los números 4, 3, 0. Eran las 4:30 de la madrugada.

Me levanté, busqué un abrigo, y medio sonámbula bajé las escaleras que me condujeron a la computadora. Mientras ésta se prendía, entré a la cocina para prepararme un té. La noche estaba fría y mis ideas estaban allí, claras como la luz del sol que entró por la ventana 3 horas más tarde para presenciar que lo que pasara aquella noche, cambiaría mi vida para siempre.

Mientras se me empañaba la nariz con el valor del agua caliente cada vez que absorbía mi bebida, presenciaba imágenes, palabras y hechos en mis pensamientos. Entonces me detuve para darme cuenta de que en mi mente había una historia, mi historia, solo que estaba marcada con un título y los nombres de doce capítulos. En ese momento no pensé, ni entendí que estaba escribiendo un libro.

Mi hermano Beto quien se quedó con nosotros aquella noche se levantó y encandilado por la luz de la computadora frunció el seño para preguntarme; qué haces levantada tan temprano? Estoy escribiendo un libro contesté. Sí Beto, estoy escribiendo un libro, exclamé entonces!

A partir de ese momento me hice consciente de que estaba elaborando mi primer libro; "El Privilegio de Ser Mamá Soltera"

Durante doce días, a las 4: 30 en punto de la mañana, me desperté para escribir un capítulo, sin interrupción, sin detenerme a pensar, sin inventar. Todo fluyo tan fácilmente. Era un dictado que me aceleraba los dedos para no perderme las palabras, ni las ideas, ni las emociones. Sabía todos los detalles de lo que estaba haciendo, las fotos que usaría, el tipo de letra. Sabía que era el comienzo de algo grande que nos cambiaria la vida a mi hijo, a mi y a millones de mujeres que han vivido mi experiencia.

Muchas veces me he preguntado: ¿Por qué me llegó esta inspiración a mí? Y la respuesta que siempre escucho es... Y ¿Por qué no?

Mireya Posada

Actualmente Mireya Posada se encuentra liderando su Grupo de Apoyo EL PRIVILEGIO con una serie de tres seminarios que componen su programa "EL ARTE DE VIVIR EN PLENITUD." Los seminarios #1 "La Mente en Armonía con mi Esencia", el #2 "El Poder del Aprecio" y el #3 "Vivir mi Pasión de Vida" se realizan de manera progresiva. La culminación de este programa reúne a todos sus participantes en un MEGA encuentro. Mireya también es entrenadora de vida. Ella potencializa las facultades mentales y eleva el nivel de conciencia de sus participantes mediante un poderoso entrenamiento personal. Para mayor información de sus programas y asesoramiento, encuéntrela en:

mireyaposada.com
elprivilegiodesermamasoltera.com

Facebook:
Mireya Posada
Grupo de Apoyo El Privilegio

O comuníquese con su MEGA equipo:
Aismet Rodríguez y Nora Vinasco.
Escribiéndoles al boletín del grupo:
grupoelprivilegio@gmail.com

Referencias

El poder de la mente subconsciente (Joshep Murphy)

Visualización creativa (Shakti Gawain) (New world library) (1995)

Amar o depender (Walter Riso) (Editorial Norma) (1999)

El poder del aprecio (Nelson & Calaba) (Alamah) (2005)

Aventura del espíritu (Summit University) (Porcia Ediciones) (2006)

El secreto (Rhonda Byrne) (Urano) (2006)

El fascinante poder de la intención deliberada (Esther y Jerry Hicks) (2006)

La ley de la atracción (Esther y Jerry Hicks) (2008)

(Cuerpo sin edad, mentes sin tiempo (Deepak Chopra) (1994)

Traducción del nuevo mundo de las Santas escrituras (Watch Tower Bible and tract society of Pennsylvania) (1987)

Razonamiento a partir de las escrituras (Watch Tower Bible and tract society of Pennsylvania) (1989)

Audios

Tu Peso Perfecto, Tu Energía Interior, Las 7 Leyes Espirituales del éxito, Revertir el envejecimiento, (Discurso) El alma de la curación, (Discurso) Conocer a Dios, El Poder del Pensamiento, El Sendero del Mago, Como Crear Abundancia (De la A a la Z), Niveles elevados de conciencia, Alquimia el Arte de la Transformación Espiritual, Mente - Cuerpo, (Deepak Chopra)

101 Formas de Transformar Su Vida, Los 10 Secretos del éxito y la paz mental, Tus zonas erróneas, (Wayne W. Dyer)

El Poder del Ahora, Una nueva tierra (Eckhart Tolle) (1997)

Usted Puede Sanar su Vida, Abrirse a la Prosperidad, Lo que yo Creo (Relajación Profunda), Tus Pensamientos Crean tu Vida, La Auto curación, (Louise Hay)

El monje que Vendió Su Ferrari (Robin Sharma)

Los Hombres son de Marte y Las Mujeres son de Venus (John Gray)

Cómo ganar amigos e influir sobre las personas (Dale Carnegie)

Los cuatros acuerdos (Miguel Ruiz)

Piense y Hágase rico (Napoleón Hill)

Seminaristas

Seminaristas y entrenadores personales con los que he tenido la bendición de compartir:

T. Harv Eker

Wayne Dyer

Karen Hoyos

Maritza Moncada

Anthony Robbins

Deepack Chopra

Puedo lograrlo, Puedo publicar mi libro con la editorial Hay House entre otros

Namaste

Saludo la divinidad que hay en ti

Por los laberintos de la plenitud

www.ingramcontent.com/pod-product-compliance
Lightning Source LLC
Chambersburg PA
CBHW022019090426
42739CB00006BA/206